Horizons

Basisdossier
Les jeunes

Herausgegeben von

Rainer Bildheim
Otto-Michael Blume
Dorothea Dannert
Friedhold Schmidt

Ernst Klett Verlag
Stuttgart Düsseldorf Leipzig

Horizons Basisdossier Les jeunes

Herausgegeben von:
Rainer Bildheim, Kirchhundem-Oberhundem
Otto-Michael Blume, Hilden
Dorothea Dannert, Gelsenkirchen
Friedhold Schmidt, Thèze

Beratende Mitarbeit:
Andreas Nieweler, Detmold

1. Auflage   1   6   5   4   3 | 2008   07   06   05

Alle Drucke dieser Auflage können im Unterricht nebeneinander benutzt werden, sie sind untereinander unverändert. Die letzte Zahl bezeichnet das Jahr dieses Druckes.
© Ernst Klett Verlag GmbH, Stuttgart 2004. Alle Rechte vorbehalten.
Das Werk und seine Teile sind urheberrechtlich geschützt. Jede Nutzung in anderen als den gesetzlich zugelassenen Fällen bedarf der vorherigen schriftlichen Einwilligung des Verlages. Hinweis zu § 52a UrhG: Weder das Werk noch seine Teile dürfen ohne eine solche Einwilligung eingescannt und in ein Netzwerk eingestellt werden. Dies gilt auch für Intranets von Schulen und sonstigen Bildungseinrichtungen.
Internetadresse: http://www.klett.de

Redaktion: Sonia Blin, Thomas Eilrich, Régis Titeca
Gestaltung: Claudia Kreipl, Ulrike Wollenberg
Umschlag: KOMA AMOK, Stuttgart
Reproduktion: Meyle + Müller Medien-Management, Pforzheim
Druck: SCHNITZER DRUCK GmbH, 71404 Korb
Printed in Germany.

Table des matières

Chapitre 1 : Etre jeune aujourd'hui

1. Etre jeune aujourd'hui 5
2. Réussir sa vie 6
3. Nous, les adultolescents 8
4. Je ne sais pas ce que je veux faire… 10
5. Désenchantée *(chanson, Kate Ryan)* 11
6. Sourire… profiter de la vie 12

Chapitre 2 : La famille

1. La famille encore et toujours 14
2. Papa, maman, la famille et moi 15
3. Envie de claquer la porte ! 17
4. L'autorité, ça se discute 17
5. J'habite chez moi *(roman, Marie-Aude Murail)* 19
6. Ma mère, son mec, mes demi-frères et moi 21

Chapitre 3 : Amour, amitié

1. L'amitié, valeur en hausse 23
2. Jamais sans ma bande ! 25
3. « Je t'aime bien, mais je ne t'aime pas » *(roman, Philippe Labro)* 27
4. L'amour *(poème)* 28
5. Homo, et alors ? 29
6. Seul contre tous… ! *(affiche)* 31
7. Un petit sacrifice *(roman, Gudule)* 32

Chapitre 4 : Tentations

1. Faire des choix *(affiche)* 34
2. Le sevrage *(BD, Philippe Tastet)* 35
3. Peut-on vivre sans téléphone portable ? 35
4. Jeux vidéo : une nouvelle drogue ? 36
5. L'ivresse de la minceur 38
6. Interdire le tabac aux moins de 16 ans 40
7. Au creux de ton bras *(chanson, Mano Solo)* 42
8. Une histoire de bleu au cœur *(roman, Thierry Lenain)* 43
9. Si j'avais eu une seconde chance… *(BD, Detrez/Dutailly)* 44

Chapitre 5 : Délinquance, violence

1. Le petit prince *(BD, Titeuf)* 47
2. La guerre des bandes 48
3. Tu casses, tu répares ! 51
4. Halte au racket ! 53
5. Stop la violence ! 55

Chapitre 6 : Engagement

- 1 Pour une société plus ouverte 57
- 2 Si j'étais Président... 59
- 3 Envie d'agir ? 61
- 4 Ils l'ont rêvé, ils l'ont fait 62
- 5 Etres humains *(poème)* 64

Stratégies :

Retrouver le sens des mots 65
Apprendre et réviser le vocabulaire 66
Ecouter et comprendre 67
Bien utiliser les dictionnaires 68
Lire et comprendre un texte 69
Repérer les informations d'un texte 70
Résumer un texte 70
Bien rédiger ses textes 72
Caractériser un personnage 73
Décrire une image 74
Raconter 75
Rédiger une lettre privée 75
Rédiger une lettre officielle 76
Participer à une discussion 77
S'informer sur Internet 78

Vocabulaire :

Pour parler d'Internet / d'une chanson / d'une bande dessinée 79

Malgré tous les efforts entrepris, il ne nous a pas été possible de joindre les auteurs ou ayants droit de certains textes (ou fragments de textes) reproduits dans ces pages. Les personnes concernées sont invitées à se mettre en rapport avec la rédaction afin de régler à l'amiable la question des droits de reproduction.

Symbole und Abkürzungen

 Text auch auf Audio-CD

 Redemittel für die Bearbeitung einer Aufgabe

 Verweis auf eine Strategie mit Seitenangabe

Cda   Verweis auf *Cahier d'activités* (Klettbuch 521092)

in den Worterklärungen:

≠	Wort gegensätzlicher Bedeutung (Antonym)
→	Verweis auf ein bereits bekanntes Wort
m	masculin
f	féminin
inf	infinitif
subj	subjonctif
fam	familier
qc	quelque chose
qn	quelqu'un

Chapitre 1
Etre jeune aujourd'hui

● **Approche**

Regardez les jeunes présentés sur les photos et mettez-vous à leur place : Formulez leurs idées et leurs sentiments, leurs espoirs et leurs craintes.
(Voir les expressions utiles pour commencer vos phrases, p. 6)

Commencez vos phrases par :
- Je (ne) veux/voudrais (pas) que… + *subj*
- Je désire/souhaite que… + *subj*
- J'espère que…
- Je trouve que…
- Je trouve important que… + *subj*
- J'aimerais mieux que… + *subj*
- Je préférerais que… + *subj*
- Je n'aime pas que… + *subj*
- Je déteste que… + *subj*
- Je crains que… + *subj*

● **Au-delà des photos**

1 Etre jeune aujourd'hui, qu'est-ce que cela signifie pour vous ? Exprimez vos points de vue, vos idées et vos émotions personnelles.

2 a) Pour parler des jeunes, on utilise parfois les expressions « bof-génération », « génération fun », « génération galère », etc. A votre avis, qu'est-ce que ces noms veulent exprimer ? Trouvez d'autres mots/images qui caractérisent votre génération.
   b) Présentez et discutez vos points de vue en classe.

→ **Participer à une discussion, p. 77**

→ **Apprendre et réviser le vocabulaire, p. 66/Cda, p. 5**

3 Faites un *filet de mots* (Vokabelnetz) autour du thème central « Les jeunes ».

4 Formulez quelques questions sur le thème des « jeunes en France » :
   – Qu'est-ce que vous voulez savoir en général (ou en particulier) ?
   – Qu'est-ce qui vous intéresse le plus quand vous comparez les jeunes français aux jeunes allemands ?
   Notez vos questions : A la fin de chaque chapitre, voyez si vous avez obtenu des réponses à ces questions. Vous avez peut-être des nouvelles questions. Notez-les aussi.

5 Dans des magazines, cherchez des photos de jeunes pour en faire un collage qui exprime votre vision personnelle de votre génération. Si vous le voulez, vous pouvez ajouter une photo personnelle avec des commentaires ou des bulles.

2 Réussir sa vie

● **Approche**

1 Réussir sa vie, pour vous, qu'est-ce que ça veut dire ? Prenez quelques notes individuelles, puis discutez-en en classe.

2 a) Que signifient les abréviations suivantes : *perso, un max*.
   b) A l'aide d'un mot d'une autre langue ou d'un autre mot de la même famille, expliquez les mots suivants :
   intime, la réussite, une conception, centré, autour de, essentiel, une stabilité, un empire, l'existence.

→ **Retrouver le sens des mots, p. 65**

Réussir sa vie ? Une question à laquelle personne ne peut répondre à notre place ! Trop perso, trop intime comme sujet. A chacun ses rêves d'avenir, à chacun ses modèles de réussite, à chacun ses projets…

Qu'est-ce qui vous paraît important pour réussir dans la vie ?

	Ensemble 15–19 ans (en %)	garçons (en %)	filles (en %)
Etre bien dans sa peau	87	83	91
Avoir un travail	83	82	84
Etre en bonne santé	82	80	84
Avoir une famille unie	80	77	84
Faire ce qu'on a envie de faire	77	76	79
Avoir une bonne formation	67	65	69
Avoir beaucoup d'amis	62	62	63
Etre amoureux	57	51	63
Avoir une passion, un idéal	54	52	56
Etre utile aux autres	52	46	59
Croire très fort en certaines choses	48	45	52
Etre intelligent	40	41	39
Avoir de la chance	30	35	24
Etre riche	21	29	14
Etre beau	8	11	5
Etre célèbre	5	8	3

ConsoJunior 2001

« Réussir sa vie, c'est… »

« Pour moi, c'est réussir à bien la préparer, et c'est ce que je suis en train de faire en ce moment. Trouver un équilibre entre boulot et copains… Enfin, profiter de la vie, quoi ! » (Rémi)

« C'est quand on a toujours envie de faire ce qu'on est en train de faire. » (Delphine)

« C'est s'épanouir un max, faire un travail qu'on aime. Ma conception du bonheur n'est pas centrée autour de l'argent, mais le bonheur ne se fait pas sans argent. Sinon, pour réussir sa vie, je pense que l'amour reste essentiel. » (Guillaume)

« Le bonheur à long terme, ce serait de trouver une stabilité entre le boulot, les amis et la famille. Avec mon copain, on partage les mêmes rêves. Je ne crois pas qu'il y ait de vraies différences entre filles et garçons sur cette vision du bonheur. » (Justine)

« Ça veut dire quoi réussir sa vie ? Avoir passé tous les concours avec succès, régner sur un empire de gloire et de richesse, avoir trouvé l'amour de sa vie, être aimé par tous ? Les délires et les fantasmes de vie "réussie" peuvent aller loin… Je propose une alternative : donner un sens à son existence, s'accepter et donner du bonheur à celle des autres. » (Laura)

Anne Ricou et Charlotte Valade, © *Phosphore*, Bayard Jeunesse, 2003
(texte abrégé et légèrement adapté)

8 **uni,e** *ici* : qui s'entend bien
23 **l'équilibre** *m* Gleichgewicht
26 **s'épanouir** sich entfalten
27 **sinon** sonst
29 **à long terme** langfristig
30 **partager qc** avoir qc en commun
32 **régner** herrschen
34 **un délire** *ici* : verrückte Idee
34 **un fantasme** un rêve

8 Etre jeune aujourd'hui

→ Lire et comprendre un texte, p. 69

● **Autour du texte**

1. a) Lisez le questionnaire et les résultats du sondage. Faites la liste de vos propres priorités. Si nécessaire, complétez-la par d'autres aspects que vous jugez importants.
   b) Notez les mots-clés de chaque témoignage.
   c) Pensez-vous que les points de vue présentés donnent une vision assez complète des jeunes ou non ? Dites pourquoi.
2. Développez les points que vous trouvez les plus importants en tenant compte de votre expérience personnelle.

● **Au-delà du texte**
Créativité

Ecrivez un article pour un magazine scolaire « Réussir sa vie : visions et valeurs des jeunes français et allemands ».

3 Nous, les adultolescents

● **Approche**

1. Relisez le titre. Comment comprenez-vous le mot « adultolescent » ?
2. a) Quels mots de la même famille connaissez-vous : *familial, l'enfance, la généralité, se contenter, élever* ?

→ Retrouver le sens des mots, p. 65/Cda, p. 8

   b) A quelles autres langues les mots suivants vous font-ils penser ? Dites ce qu'ils signifient : *explosif, une certitude, une contradiction, pacifique, social, une exclusion, éternel, une complication*.
   c) Faites attention à la différence entre *familial* et *familier*. Que veulent dire ces deux adjectifs en allemand ?

3 **tout compte fait** alles in allem
3 **renoncer à** verzichten auf
7 **un témoignage** Aussage
10 **une confirmation** Bestätigung
10 **être pressé,e** es eilig haben
11 **un spécimen en voie de disparition** vom Aussterben bedrohte Art
13 **la cohabitation** le fait d'habiter ensemble
13 **la pression** Druck
14 **rempli,e de** plein de
14 **le blues** *ici : fam* Melancholie, trübe Stimmung
17 **une épreuve initiatique** ce qu'il faut faire pour entrer dans l'âge adulte

« *Adulte, moi ? Pourquoi je devrais être adulte ? J'ai 18 ans, l'Etat a décidé que je suis adulte. Nous, on n'a rien demandé ! Si ? En tout cas on n'a pas demandé de devoirs, des droits peut-être… Tout compte fait, on va peut-être y renoncer à ces droits, vu le prix !* » Hélène est une bonne représentante des 130 élèves âgés de 15 à 21 ans qui ont traité le sujet : « *Qu'est-ce qu'être adulte ? L'êtes-vous déjà ?* »

Ils n'ont pas tous trouvé des mots aussi forts que ceux d'Hélène, mais tous ont joué le jeu. Leurs témoignages expriment un explosif mélange de certitudes, de contradictions et de doutes. Faut-il « *être adulte ou faire l'adulte* », demande l'un. « *Adulte, c'est un mot*, écrit Séverine, *qu'on ne peut pas prendre à la légère.* »

Première confirmation : l'adolescent en révolte contre les parents et pressé de claquer la porte est bien un spécimen en voie de disparition. Il existe toujours des parents qui sont « *toujours sur mon dos* » et « *mangent ma liberté* ». Mais la grande majorité des jeunes parle d'une cohabitation pacifique, sans grande pression sociale ou familiale.

Et pourtant, être jeune aujourd'hui reste une étape remplie de blues. C'est surtout la peur de l'avenir qui frappe. Pour Jules, 15 ans, cela donne : « *D'un côté, on peut faire ce qu'on veut, mais de l'autre il n'y a plus personne derrière nous.* »

En clair, quitter papa-maman, perdre son enfance est depuis toujours une épreuve initiatique. Revient d'ailleurs souvent cette vision de l'adulte solitaire, abandonné à lui-même, qui doit « *se débrouiller sans personne* », « *savoir ce qu'il veut* », et « *ne plus avouer ses peurs* » . « *Adieu maman*, écrit Laurent, 20 ans, *en étant adulte, le monde s'ouvre à moi, je peux être mon bourreau ou mon ange gardien.* »

Au-delà des généralités, ce qui les inquiète aujourd'hui, c'est toujours et encore les interrogations sur l'argent et le travail. La peur du chômage ou de l'exclusion. Pour Mariana, « *être adulte est une lutte éternelle contre le chômage. C'est se battre au quotidien pour offrir la meilleure vie possible à ses enfants.* »

Ils finissent souvent par reconnaître qu'ils ne sont pas pressés de devenir adultes. « *Autant choisir de rester adolescent, on est tranquille sur le plan financier, il y a moins de complications* ». Ou alors ils disent se contenter d'une « *situation bâtarde* », mi-ado, mi-adulte. « *Je suis un adultolescent* », conclut un garçon.

« *Les adolescents d'aujourd'hui veulent devenir adultes de plus en plus tôt*, dit au contraire Frank, 16 ans. *On souhaiterait faire les trucs d'adultes comme conduire, voter, entrer dans le monde du travail. J'ai envie de trouver un bon travail et de fonder une belle petite famille, mais je sais que cela n'est pas possible.* »

Alors, que conclure ? Faut-il accuser notre gouvernement, notre société ? Les adultes ? Les parents ? Des gens qui « *ont de l'argent* », qui « *prédisent que je verrai plus tard comment il faut travailler dur pour avoir un emploi et payer les factures* », qui ont « *réussi* » quand ils ont « *un travail, une maison, le permis de conduire et une belle voiture* ». Mais qui sont manifestement mécontents.

Heureusement que ces ados sont quelquefois plus grands qu'on le pense. Ainsi ce Romain, qui a le courage d'écrire : « *Souvent mon père me dit qu'il préférerait être à ma place, il dit qu'être adulte, c'est trop de problèmes. Je crois qu'être libre de ses faits et gestes mérite tous les problèmes du monde. Il dit aussi que c'est dur de travailler tous les jours pour nourrir son enfant, moi je dis qu'avoir un enfant est une des plus belles choses que peut nous offrir la nature et que travailler durement pour l'élever est normal. L'adulte qui le fait devrait en être fier plutôt que de se plaindre.* »

Anne Fohr, *Le Nouvel Observateur*,
27 janvier 2000 (texte abrégé et légèrement adapté)

19 **se débrouiller** zurecht kommen
20 **avouer** eingestehen, zugeben
21 **un bourreau** Henker
21 **un ange gardien** Schutzengel
24 **se battre** lutter
27 **autant** + *inf* il vaut mieux
28 **bâtard,e** *ici* : Kompromiss-
28 **mi-** à moitié
29 **conclure** schlussfolgern
35 **prédire** vorhersagen, prophezeien
36 **une facture** Rechnung
38 **manifestement** offensichtlich
42 **mériter qc** etw. wert sein

● **Autour du texte**
1 a) Repérez et notez l'un en dessous de l'autre les noms des personnages qui s'expriment dans le texte.
   b) En relisant les témoignages, relevez les idées principales et notez-les dans votre liste derrière les noms des personnages.
2 Pour conclure, dites comment on pourrait caractériser « l'adultolescence ».

 Lire et comprendre un texte, p. 69

● **Au delà du texte**
Créativité
Ecrivez un poème ou un bref texte de rap qui joue sur les contradictions des adultolescents.
Discussion
Expliquez l'affirmation de Laurent : « *Je peux être mon bourreau ou mon ange gardien* » (L. 21). Que pensez-vous de cette position ?

 Participer à une discussion, p. 77

4 Je ne sais pas ce que je veux faire…

● **Approche**
Regardez les dessins de cette page et dites à quoi rêve le jeune Titeuf. Laquelle de ces « professions » vous plairait ? Pourquoi ?

« *Et toi, tu veux faire quoi plus tard ?* » Quand ce ne sont pas les copains et copines qui posent la question, ce sont les profs ou les parents ! Et tu es parfois bien incapable de répondre. Ce n'est pas grave, c'est même normal. Dans le système scolaire français, on est quasiment obligé dès la fin de la seconde, c'est-à-dire à 16 ans, de choisir, sinon un métier, du moins une voie. Mais à cet âge, l'avenir professionnel est souvent une perspective encore très abstraite. Pour tous ceux qui n'arrivent pas à se décider, cette pression est dure à vivre. Mais rassure-toi, les vraies vocations à cet âge sont rares. De plus, désormais, au cours d'une carrière, on peut changer plusieurs fois de profession…

« *Je suis plutôt littéraire et faible en maths, mais j'ai préféré une terminale S, pour ne pas me fermer de portes. Je n'arrive toujours pas à me décider sur le choix de mes études. J'hésite entre psycho, médecine, biologie ou archéologie. C'est très vague dans mon esprit. Et ça m'angoisse d'être si hésitante.* » (Lowrie)

Pour certains ados, le choix se fait très tôt. Dès la 6e, ou même avant, ils ont une idée précise du métier qu'ils veulent exercer. Nombreux sont ceux qui voient leur avenir en mannequin, en acteur ou en chanteur, sans vraiment réaliser que leur « vocation » relève plus du rêve que de la réalité.

D'autres sont sans le vouloir sous l'influence de leurs parents. C'est le cas de Martin : « *J'ai toujours dit que je voulais être architecte. En réalité, je souhaitais juste faire plaisir à mon père, qui avait rêvé d'exercer ce job-là.* »

Dans le cas de Julie, l'exemple de ses parents ne l'encourage pas : « *J'ai 15 ans et je n'ai aucune envie de penser à mon boulot plus tard. La vie professionnelle, ça ne me fait pas du tout rêver. Quand je vois mes parents se lever tôt les matins pour aller travailler, courir après l'argent en attendant avec impatience leurs vacances, je ne suis absolument pas pressée d'entrer dans la vie professionnelle…* » (Julie)

Dominique François, *Lolie*, © Milan Presse, 2003 (texte abrégé et légèrement adapté)

---

11 **une voie** un chemin, une direction
17 **la vocation** Berufung
18 **désormais** à partir de maintenant
21 **faible** ≠ fort
22 **la terminale S** la classe qui prépare au bac scientifique
25 **angoisser** inquiéter
27 **exercer** faire
29 **relever de** être du domaine de

Autour du texte

1. Relevez les incertitudes exprimées dans les témoignages et faites-en une liste.
2. En relisant le texte, relevez les causes de ces incertitudes. Inscrivez-les dans votre liste derrière les incertitudes.

Au-delà du texte

Discussion

→ Cda, p. 9

Regardez le dernier dessin, ci-contre, et dites de qui et de quoi se moque le dessinateur.

Ecriture

Choisissez un des témoignages et rédigez une lettre pour y répondre.

→ Rédiger une lettre privée, p. 75

TITEUF par Zep, *La loi du préau*, © Editions Glénat 2002

5 Désenchantée

Approche

1. Quelles illusions, quels rêves avez-vous ? Réfléchissez et parlez-en avec votre voisin(e).
2. Ecoutez la chanson (sans regarder le texte). De quel genre de musique s'agit-il ? La musique vous plaît-elle ? Dites pourquoi (pas).
   (Voir « pour parler d'une chanson » p. 79/Cda, p. 11)

Nager dans les eaux troubles
Des lendemains
Attendre ici la fin
Flotter dans l'air trop lourd
Du presque rien
A qui tendre la main

Si je dois tomber de haut
Que ma chute soit lente
Je n'ai trouvé de repos
Que dans l'indifférence
Pourtant, je voudrais retrouver
l'innocence
Mais rien n'a de sens, et rien ne va

Tout est chaos
A côté
Tous mes idéaux : des mots
Abîmés…
Je cherche une âme qui
Pourra m'aider

Je suis
D'une génération désenchantée,
désenchantée

Qui pourrait m'empêcher
De tout entendre
Quand la raison s'effondre
A quel sein se vouer
Qui peut prétendre
Nous bercer dans son ventre

Si la mort est un mystère
La vie n'a rien de tendre
Si le ciel a un enfer
Le ciel peut bien m'attendre
Dis-moi,
Dans ces vents contraires comment s'y prendre
Plus rien n'a de sens, plus rien ne va.

Paroles et musique : Mylène Farmer / Laurent Boutonnat
Interprète : Kate Ryan (2002),
© Requiem Publishing, Paris

désenchanté,e déçu, désillusionné
trouble ≠ clair
tendre *ici* : ausstrecken
une chute le fait de tomber
abîmer qc détruire qc
une âme *ici* : une personne
s'effondrer zusammenbrechen
le sein Brust, Busen
se vouer *ici* : sich ausweinen
prétendre affirmer
bercer qn wiegen
tendre *ici* : ≠ dur

Etre jeune aujourd'hui

● **Autour de la chanson**

1. a) En lisant les paroles, relevez dans le texte les images et les expressions qui illustrent le désenchantement.

   b) Pour chacune de ces images, dites si elle correspond à certaines expériences de votre propre vie. Auxquelles ?

   Exemple : Pour moi, *nager dans les eaux troubles* (L.1), c'est par exemple quand / le moment où… (parce que…)

   Travaillez à deux ou en petits groupes et comparez vos idées.

2. a) Dans le refrain de la chanson *(Tout est chaos… désenchantée)*, la chanteuse répète plusieurs fois que « *tous ses idéaux sont abîmés* » et qu'elle est « *d'une génération désenchantée* ».

   A votre avis, pourquoi la chanteuse est-elle désenchantée ?

   D'après vous, quels sont ces idéaux qu'elle regrette d'avoir perdus ? Pourquoi ces idéaux sont-ils « *abîmés* » ?

   b) Quels mots la chanteuse répète-t-elle plusieurs fois ? Qu'est-ce qu'elle veut souligner par ces répétitions ?

   c) Après avoir répondu aux questions précédentes, pensez-vous que la musique illustre bien les sentiments de la chanteuse ? Comparez votre opinion avec votre première impression. *(Voir Approche 2.)*

● **Pour aller plus loin**

Discussion

→ Participer à une discussion, p. 77

Quelle vision du monde cette chanson donne-t-elle ? Avec quelles affirmations ou positions êtes-vous a) tout à fait b) en partie ou c) pas du tout d'accord ?

Créativité

Ecrivez une chanson ou un poème avec des paroles plus optimistes qui insistent sur les bons côtés de la vie.

6 Sourire… Profiter de la vie !

● **Approche**

1. A partir de la phrase « Pour moi, profiter de la vie, c'est… », présentez vos idées sous forme de filet de mots.

2. a) Sur la base de quels verbes les adjectifs *souriant* et *inattendu* ont-ils été construits ? Expliquez leur forme.

   b) Expliquez la fonction des préfixes dans les mots suivants : *remonter, se réconcilier, réunir.*

→ Retrouver le sens des mots, p. 65

1 **apprécier** aimer

De plus en plus les gens ne savent plus apprécier la vie comme on le devrait. Il est vrai que la vie n'est pas si rose que ça, mais en revanche, pour beaucoup d'entre nous elle est plutôt grise alors qu'elle ne devrait pas l'être !

Dans un premier temps, il est bon de savoir que chaque moment de la vie est bon à vivre car on ne vit qu'une seule fois. Il est bon de profiter de chaque instant non seule- 5 ment pour vous même mais aussi pour les autres. Il est sûr que tout le monde préfère voir une personne souriante plutôt qu'une personne qui tire la tête !

Voici la liste des choses qui peuvent remonter le moral et que les gens ont parfois tendance à oublier :

10 – Ouvrir les yeux le matin et voir le ciel bleu dehors en se disant qu'on sortira aujourd'hui…
– Avoir le droit de faire la grass' mat' !
– Voir que tout son entourage va bien…
– Se réconcilier avec une personne qui nous est chère.
15 – Se passer un morceau de zik' à fond en dansant comme un fou… Ça défoule !
– Avoir un bon conseil de classe, ou même une bonne note au bahut ;
– Entendre « Je t'aime ».
– Apprendre une bonne nouvelle quelle qu'elle soit !
– Avoir un fou rire inattendu…
20 – Voir un beau mec ou une belle fille dans la rue !
– Sortir entre potes…
– Ecouter ses potes raconter des âneries à tout va…
– Manger un carré de chocolat…
– Réunir deux amis qui nous sont chers.
25 – Partir en vacances avec ses amis…
– Faire de nouvelles rencontres !

Et la liste est bien encore longue ! Mais beaucoup de gens accomplissent ces actes en étant triste, en gardant cette vision du monde gris… et n'apportent pas plus de gaieté finalement qu'une personne qui resterait dans son lit. Il est sûr que d'avoir le
30 moral à zéro est très difficile à supporter, mais pensez aux gens qui vous entourent et à chaque moment de bon que vous partagez avec eux, profitez-en au maximum. Car en effet, vous ne savez pas si demain ils seront encore là pour passer ces moments-là avec vous ! (Raphaël XXX)

www.france-jeunes.net texte abrégé)

12 **faire la grasse mat(inée)** *fam* se lever tard
15 **la zik'** *fam* la musique
15 **à fond** très fort
15 **ça défoule** *fam* das ist gut zum Abreagieren
16 **un conseil de classe** *etwa*: Klassen-, Schulkonferenz
16 **un bahut** *fam* un lycée
18 **quel,le que** + *subj* egal wie/welche/was
20 **un mec** *fam* un garçon, un homme
22 **une ânerie** une bêtise
22 **à tout va** sans limite
27 **accomplir qc** faire qc
30 **supporter** ertragen, aushalten

● **Autour du texte**

1 A l'aide du contexte, dites ce que signifient les expressions *tirer la tête* (L. 7) et *remonter le moral* (L. 8).
2 Le texte a été publié sur un forum Internet pour les jeunes. Dites à qui l'auteur Raphaël s'adresse et dans quel but.
3 Faites le portrait de Raphaël tel que vous le voyez à travers ce texte.

→ **Caractériser un personnage**, p. 73

● **Au-delà du texte**

Ecriture

1 Répondez à Raphaël et dites-lui ce que vous pensez de son message.
2 Ecrivez un message personnel sur le sujet « *Comment profiter de la vie* ». Si vous voulez, envoyez-le à l'un des forums indiqués ci-dessous.

Sur Internet, il y a beaucoup de sites/forums où les jeunes peuvent parler de leur vie ; regardez p. ex. www.france-jeunes.net ou www.phosphore.com

Chapitre 2
La famille

1 La famille, encore et toujours…

● **Approche**
1. Décrivez l'illustration, tirée des *Simpsons*, une série de dessins animés américaine. Quelle impression la famille Simpson vous fait-elle?
2. Faites un remue-méninges *(Brainstorming)* autour du sujet « Vivre en famille aujourd'hui » et regroupez vos idées dans un filet de mots (que vous pourrez compléter par la suite dans ce chapitre).
3. Lisez le sondage suivant. Que pensez-vous des réponses ?

➔ **Retrouver le sens des mots (p. 65)** pour comprendre les mots et les expressions qui ne sont pas expliqués dans les annotations !

Pour vous, réussir sa vie, c'est avant tout… (en %)	Ensemble	Garçons	Filles
Fonder une famille	52	50	53
Exercer un métier intéressant	30	31	30
Vivre une vie pleine d'aventure	10	8	11
Gagner beaucoup d'argent	5	5	5
Etre célèbre	3	6	1
Total	**100**	**100**	**100**

2 **une preuve** Beweis
2 **le taux** le pourcentage
5 **la valeur** Wert
7 **soit…soit** entweder … oder
9 **négligeable** ≠ important

« *Qu'est-ce que réussir sa vie ?* » Pour 1 garçon sur 2 et plus de la moitié des filles, aucune hésitation : fonder une famille. La preuve que, malgré les taux de divorce, trouver chaussure à son pied et faire des bébés avec l'homme ou la femme de sa vie restent les choses les plus importantes ! « *La famille telle que les ados la voient fonctionner de l'intérieur, en bien ou en mal, ne les a jamais empêchés d'en faire leur valeur n°1*, insiste le psychologue Patrice Huerre. *Tous les sondages, depuis des années, sont d'accord sur ce point. Selon les circonstances, ils ont soit envie de reproduire le modèle que leurs parents leur proposent, soit de faire quelque chose de complètement différent.* » Ce qui ne les empêche pas de considérer qu'exercer un métier passionnant n'est pas négligeable. Nouveaux grands perdants : l'aventure, l'argent et la célébrité.

© Philippe Testard-Vaillant, *Science & Vie Junior*, N° 163, avril 2003 (texte légèrement adapté)

● **Autour du texte**

1 A l'aide du contexte, expliquez l'expression *trouver chaussure à son pied* (L. 2-3).
2 a) Traduisez la phrase suivante : « *Selon les circonstances, ils ont soit envie de reproduire le modèle que leurs parents leur proposent, soit de faire quelque chose de complètement différent* » (L. 7-8).
b) A partir de la phrase traduite, dites dans quelles circonstances vous suivriez le modèle de vos parents et quand vous vous comporteriez tout à fait différemment. Dites pourquoi.

2 Papa, maman, la famille et moi…

● **Approche**

Parlez de votre famille. Qu'est-ce qui vous plaît ? Qu'est-ce qui vous dérange ? Qu'est-ce que vous aimeriez changer ? Echangez vos idées avec votre voisin(e), puis présentez-les en classe.

On les dit blasés, renfermés, agressifs. Indifférents à tout, sauf à leur portable et à leur bande de copains. Des adolescents perdus dans une société sans pères et sans repères. Famille en miettes. C'est le refrain du moment. Nous avons voulu en savoir un peu plus sur cette jeunesse. La faire parler. Nous avons imaginé un questionnaire. Des profs de
5 français enseignant en banlieue parisienne ont bien voulu les distribuer. Plus de 170 copies ont été renvoyées.

Non, la famille ce n'est ni « *ringard* » ni « *nul* ». C'est plutôt l'une des grandes affaires de leur vie. Ils vivent avec leurs rêves de mômes. Et se dessinent des avenirs de contes de fées : « *Ils eurent beaucoup d'enfants et vécurent heureux…* » Un élève,
10 un seul sur 170, écrit : « *Plus tard, je m'imagine célibataire* ». Pas de provoc ni d'envies folles. Non, tous ou presque désirent une vie de couple solide, un bon boulot « *pas trop prenant* », deux ou trois enfants, vers 30 ans. Et si possible une fille qu'on appellera « Manon » ou « Léa ». La maison, le grand jardin, le chien. « *Je sais que c'est peut-être un mythe, avouent quelques-uns. Mais je veux y croire. Je veux une famille normale.* »

15 Unie, divorcée, recomposée… la famille, c'est important, disent-ils en chœur. Comme des sociologues : « *La famille, c'est sacré* », « *la base essentielle* », « *une chose sur laquelle on peut compter dans les moments difficiles* ». Nadège a consulté son dictionnaire : « *C'est un ensemble de*
20 *personnes qui ont des liens de parenté par le sang ou l'alliance*, écrit-elle. *Le dico oublie ce lien fort qui unit les gens et qu'on appelle l'amour.* » Ces ados qui paraissent parfois si durs sont capables de lyrisme.

Combien disent qu'ils ne « *changeraient de parents pour
25 rien au monde* » ? Qu'ils ont la plus belle des familles « *même malgré qu'elle soit divorcée* » ? Reconnaissance, déclarations d'amour. Kevin, du lycée François-Mauriac d'Andrézieux : « *J'ai une famille modèle, je suis le plus heureux du monde.* »

1 **blasé,e** gleichgültig
2 **un repère** Anhalts-/Orientierungspunkt
3 **une miette** un petit morceau
7 **ringard,e** *fam* ≠ à la mode
8 **un môme** *fam* un enfant
9 **un conte de fées** Märchen
10 **célibataire** qui n'est pas marié
12 **prenant,e** *ici :* qui prend beaucoup de temps
14 **avouer** gestehen
20 **un lien de parenté** Verwandschaftsverhältnis
20 **une alliance** *ici :* Heirat
26 **la reconnaissance** *ici :* Dankbarkeit

16 La famille

31 **saouler** *fam ici* : énerver
31 **grave** *ici* : beaucoup
32 **(en avoir) marre de** *fam* (en avoir) assez de
33 **chiant,e** *fam* nervig
36 **ailleurs** anderswo
38 **affronter qc** faire face à qc
39 **faire le plein de qc** sich mit etw. eindecken
39 **la maturité** Reife
40 *"la Petite Maison dans la prairie"* une série à la télé

Bien sûr, tous ne chantent pas la mélodie du bonheur. Certains disent que « *les parents, ça saoule grave* » ou qu'ils ne les « *calculent plus* » comme avant. Marre de la pression sur les études. Marre du manque de liberté. La mère est parfois « *chiante* » ou étouffante : « *S'inquiéter, c'est normal, mais à ce point-là…* » Le père n'a rien compris à la vie. « *Il m'énerve, je peux plus le supporter.* » Mais finalement, très peu, même pas une dizaine, disent que leur vraie famille, ce sont les copains. Pas de révolte ni d'envie réelle d'aller voir ailleurs. Ceux-là ont décidé de grandir sans vraiment s'opposer… Encore, peut-être, un rêve d'enfant.

Il manque sans doute à ces ados un peu de légèreté pour affronter l'existence. Mais beaucoup ont déjà fait le plein de maturité : « *Avant, je me demandais pourquoi j'avais pas une famille comme dans "la Petite Maison dans la prairie". J'ai appris que c'était une fiction. Tout est faux, les parents et les enfants modèles. Il faut faire avec ce qu'on a.* »

Sophie des Déserts, *Le Nouvel Observateur*,
24 avril 2003 (texte abrégé et légèrement adapté)

● **Autour du texte**

1. Que pourraient signifier, dans leur contexte, les mots suivants : *renfermé* (L. 1), *portable* (L. 1), *le refrain* (L. 3), *recomposé* (L. 15), *sacré* (L. 16), *calculer* (L. 31).

→ Lire et comprendre un texte, p. 69

2. a) Relisez le texte et relevez les mots-clés qui désignent les aspects positifs et négatifs de la vie de famille ; inscrivez-les dans une grille à deux colonnes.
   b) Pour conclure, résumez les attitudes des jeunes envers la famille.
   c) En quoi les jeunes représentés sur le dessin de la page précédente confirment-ils (ou pas) les opinions des jeunes du texte ci-dessus ?
   d) Lisez les témoignages suivants, tirés du *Nouvel Observateur* du 24 avril 2003, et rajoutez les aspects positifs et négatifs dans les colonnes respectives. *(Voir 2 a)*

mielleux, -euse honig-, zuckersüß
les noces d'or *f* le 50ᵉ anniversaire de mariage

« Dans ma famille, il règne une certaine monotonie. On se lève, on se prépare à aller au travail, on rentre le soir, on regarde la télé, on fait les devoirs, on mange… Je ne sais pas comment ni pourquoi j'ai cette pensée que les parents aiment leurs enfants, les encouragent dans les moments difficiles. J'ai sûrement trop regardé la télévision et les séries "mielleuses" américaines. » (Aurélien)

« Chez moi la famille, c'est sacré, c'est tout ce qu'un enfant peut avoir de plus beau. Souvent on fait des réunions de famille, chez les grands-parents, les oncles et tantes. Je me souviendrai tout le temps du 31 décembre de cette année, parce qu'on fêtait également les noces d'or de mes grands-parents. C'était génial. D'ailleurs, chez nous, la moindre occasion qu'on a de faire la fête, on la fait. Avec mes parents, mon petit frère et ma grande sœur, on ne se cache rien, de toute façon, on peut pas, ils voient tout de suite ce qui ne va pas. » (Manon)

● **Au-delà du texte**

Ecriture

Ecrivez un texte court, comme ceux d'Aurélien et de Manon, pour présenter en quelques phrases votre attitude face à la famille.

Créativité et discussion

« *Ils vivent avec leurs rêves de mômes. Et se dessinent des avenirs de contes de fées* » (L. 8–9). Représentez sous forme d'un dessin ou d'un collage votre vision « conte de fées » de la famille. Puis présentez vos créations à la classe et commentez-les.

3 Envie de claquer la porte !

● **Approche**

1. a) Décrivez le dessin ci-contre. (→ *Décrire une image*, p. 74)
   b) A votre avis, qu'est-ce qui s'est passé avant cette scène ?
2. Imaginez des situations où vous auriez envie de « claquer la porte ». Quels sentiments avez-vous dans ce genre de situation et dans les moments qui suivent ?

Bonjour ! Je vous écris car je ne sais plus où chercher refuge. J'en ai marre de mes parents et je n'ai qu'une envie : prendre mes cliques et mes claques et me casser de chez moi. J'ai l'impression que mon père et ma mère ne me comprennent pas et ne font pas d'efforts pour essayer d'y arriver. J'ai envie de partir et vivre ma vie. Quand j'en
5 parle à mes copines, elles me disent que je suis folle ! Et je dois bien avouer que cette idée me fait parfois un peu peur. Pourtant, je me sens forte et je me dis que j'arriverai bien à me débrouiller toute seule. Je ne peux jamais faire ce que je veux, quand je veux. Je me demande si mes parents ont eu une adolescence ou s'ils veulent me faire payer quelque chose. Que me conseillez-vous ?

Club Plus, novembre 2002

2 **prendre ses cliques et ses claques** *fam* seine Siebensachen packen
2 **se casser** *fam* partir
4 **faire des efforts** *m* sich bemühen
9 **conseiller qc à qn** → un conseil

● **Autour du texte**

1. Après avoir survolé le texte, dites de quelle sorte de texte il s'agit. Justifiez votre réponse.
2. a) Pourquoi l'auteur en a-t-il marre de ses parents ? Imaginez les situations qui ont pu se passer dans sa famille.
   b) « *J'arriverai bien à me débrouiller toute seule* » (L. 6 - 7) ; concrètement, qu'est-ce que ça peut signifier pour la vie quotidienne d'un jeune qui vit hors de sa famille ? Donnez des exemples.

● **Au-delà du texte**
Ecriture
Rédigez une réponse dans laquelle vous donnez des conseils à l'auteur du texte ci-dessus.

→ Bien rédiger..., p. 72

4 L'autorité, ça se discute

● **Approche**

Qu'est-ce que vous comprenez par le mot *autorité* ? Expliquez les expressions *être une autorité, avoir de l'autorité, être autoritaire*.

Fais pas ci, fais pas ça, tiens-toi droit, réponds quand on t'appelle, sois poli, dis merci… Depuis qu'on est en âge de comprendre la signification des mots, on a l'impression d'entendre ce même refrain tous les jours. Quand ce n'est pas le prof qui répète ses « *arrête de bavarder, écoute, crache ce chewing-gum* », ce sont les parents qui prennent
5 la tête avec leurs « *rentre avant minuit, va ranger ta piaule* ». « *Ma mère est toujours sur mon dos*, soupire Elise. *Qu'elle me lâche, j'ai quand même 18 ans !* »

1 **se tenir droit** sich gerade halten
5 **une piaule** *fam* une chambre

La famille

Vocabulaire :

9 **l'obéissance** f Gehorsam
9 **la soumission** Unterwerfung
12 **à force de (faire qc)** durch wiederholtes (Tun)
13 **la culture de mai 1968** la culture anti-autoritaire (à la mode à partir de 1968)
14 **un pétard** ici : fam une cigarette de haschisch
17 **faire sa crise** fam ausrasten
19 **encadrer** ici : betreuen
22 **arbitraire** willkürlich
24 **se soumettre** → la soumission
26 **râler** fam meckern
28 **siffler** pfeifen
28 **un penalty** m Strafstoß
29 **fournir** donner (liefern)
30 **une négociation** une discussion pour trouver un accord

Si l'on ajoute les limitations de sorties, les interdictions de fréquenter tel ou tel copain, les « *passe ton bac d'abord* » et autres « *on ne discute pas* », c'est clair que les mots « *discipline* », « *obéissance* » ou « *soumission* » ne plaisent pas beaucoup aux jeunes.

Heureusement, ce type parental, qui impose sans discuter, commence à se faire rare. Et s'il y a problème aujourd'hui, c'est plutôt avec des parents d'un modèle radicalement opposé. A force de ne rien vouloir interdire – normal, ils sont influencés par la culture de mai 1968 –, ils peuvent devenir quasi inexistants.

Certains enfants adorent ça. D'autres regrettent. Salomé, surprise un pétard à la main, regrette la réaction de sa mère : « Elle m'a juste dit qu'il fallait que j'arrête ça. Elle m'a rien demandé, même pas cherché à savoir si quelque chose n'allait pas. J'aurais préféré qu'elle fasse sa crise et qu'on parle. Quand j'aurai des enfants, je serai plus attentive ! »

« *Chez moi, comme au lycée*, affirme Karim, 18 ans, *j'accepte une autorité intelligente.* » Après tout, à condition que ce soit avec justice, ce n'est pas si mal d'être encadré, guidé, même parfois contraint.

« *Les parents doivent s'autoriser à user de leur autorité et dire non* », insiste Martine Gruère, psychologue. Pas un non arbitraire, mais un non responsable qui protège le jeune contre les dangers, et contre lui-même aussi.

« *Je veux bien me soumettre à une autorité, du moment qu'elle est juste !*, dit Thomas, 18 ans. *Les parents, c'est normal qu'ils t'empêchent de sortir la veille d'un contrôle. Même si je râle un max !* »

Faut-il réhabiliter l'autorité ? Pour le juge Alain Bruel, c'est évident. « *Les parents doivent dire ce qu'il est permis ou non de faire. Mais il ne suffit pas de siffler des penalties, il faut aussi fournir une règle du jeu aux joueurs.* »

Cette règle du jeu, désormais, c'est la négociation. L'acceptation de l'autorité signifie aussi respect, échange, dialogue, même si le dernier mot revient aux parents. « *La négociation a remplacé la logique autoritaire*, souligne le sociologue François de Singly. *On définit la règle, les limites autour d'une table. J'appellerais ça "l'autorité démocratique".* »

Réhabiliter la notion d'autorité, intelligente, juste, ne peut que profiter à tout le monde. A ces conditions, elle n'est pas out. « *L'autorité est une question de respect, et non de soumission*, conclut avec optimisme Sylvie Perdriolle, juge. *En somme, c'est une valeur moderne !* »

© Gisèle Ginsberg, 2001 (texte abrégé)

● **Autour du texte**

1 D'après le texte, comment l'autorité des parents s'exprime-t-elle ? Relevez des exemples.
2 a) Relevez 1) les différents types d'autorité et dites 2) comment ils s'expriment et 3) comment les jeunes réagissent. Notez tout dans une grille.
  b) Commentez les remarques des « experts » (la psychologue, le sociologue, les juges).

● **Au-delà du texte**

Le philosophe grec Platon a dit : « *Lorsque les pères s'habituent à laisser faire les enfants, lorsque les fils ne tiennent plus compte de leurs paroles, lorsque les maîtres tremblent devant leurs élèves et préfèrent les flatter, lorsque les jeunes méprisent les lois, parce qu'ils ne reconnaissent plus, au-dessus d'eux, l'autorité de rien et de personne, alors, c'est là, en toute beauté et toute jeunesse, le début de la tyrannie.* »
En quoi l'opinion de Platon est-elle encore actuelle dans le monde d'aujourd'hui ?
Etes-vous d'accord avec sa définition de la tyrannie ? Justifiez votre réponse.

5 J'habite chez moi

● **Approche**

Quelles idées vous viennent à l'esprit en lisant le titre ?

Le jeune Emilien Pardini est fils unique et vit chez sa mère, avec laquelle il s'entend bien… jusqu'au jour où celle-ci décide de se remarier. Un matin, un nouvel élève arrive dans sa classe, qui, lui non plus, ne vient pas d'une famille « intacte ».

Dès la fin de la journée, tous les mecs de la classe avaient décrété que Joss était débile. Les filles gardaient encore quelque espoir au cœur.

Pour une raison que je n'ai jamais pu éclaircir, Joss avait décidé de n'adresser la parole qu'à une seule personne : moi.

5 – Tu passes par où ? m'a-t-il demandé, à la fin des cours.
– Par le Centre Commercial. J'habite aux Alizés.
– Viens au canal, m'a-t-il répliqué.

Le canal est exactement à l'opposé des Alizés.

– C'est là que tu crèches ? ai-je demandé.
10 – Non. Plus loin. Mais j'aime bien les écluses.

J'ai haussé les sourcils sans rien trouver à répondre. Je suis allé au canal et j'ai regardé jaillir l'eau de l'écluse, mousseuse et jaunâtre.

On ne se parlait toujours pas et ça devenait lourd.

– Tu n'as pas de parents ? m'a demandé Jocelyn comme s'il me balançait son poing
15 dans la gueule.
– Pas des masses, dis-je, évasif.
– Tes vieux sont divorcés ?
– Mon père est mort.

Joss a approuvé de la tête. Puis il a eu cette phrase bizarre :
20 – Maintenant, j'habite chez moi.
– Un peu comme tout le monde, hasardai-je.
– Non. Avant, j'étais chez mon père ou j'étais chez ma mère. Maintenant, je suis chez moi.

J'hésitais à comprendre :
25 – Tout seul ?
– Ouais. Mais je me suis acheté un petit lapin. Enfin, il n'est plus si petit. Tu veux le voir ? Il s'appelle Ticket.
– Je n'ai pas trop le temps. Demain, si tu veux.

Je n'étais pas à l'aise en face de Jocelyn. J'avais tout de même envie d'en savoir plus.
30 – Tes parents ne s'occupent plus de toi ?
– C'est toute une histoire. Au début, ils s'occupaient trop de moi. J'étais pourri de cadeaux chez l'un, pourri de cadeaux chez l'autre. Après, mon père s'est recasé et il n'a plus payé la pension. Il a eu deux autres mômes et moi, je ne l'intéressais plus. Et puis, je gênais ma mère. Elle ne pouvait pas sortir pour se trouver un autre mec.
35 Jocelyn reprit son souffle. Il n'avait plus l'habitude de parler.
– Depuis cette année, j'ai ma piaule. De toute façon, je bouffais déjà tout le temps des raviolis chez ma mère. Ça ne change pas grand-chose. Et je me suis acheté un canard.

Le texte ci-contre contient des mots que vous ne connaissez pas encore et qui ne sont pas expliqués dans la marge. Essayez de comprendre l'essentiel du texte ; si vous avez des problèmes, consultez votre dictionnaire unilingue ;
→ **Bien utiliser les dictionnaires, p. 68/Cda, p. 17**

1 **débile** *ici : fam* idiot
9 **crécher** *fam* habiter
11 **hausser les sourcils** (m) die Augenbrauen hochziehen
15 **la gueule** *fam* le visage
16 **des masses (de)** *f fam* beaucoup (de)
21 **hasarder** *ici : dire*
32 **se recaser** *ici :* se remarier

40 **clamser** *fam* mourir	
42 **prendre le devant de la scène** devenir bien important	
46 **un jules** *fam* Liebhaber	
50 **puer** *fam* sentir très mauvais	
50 **machin** *ici* : mot qui remplace un nom qu'on a oublié	
53 **avoir de quoi faire qc** etw. haben um etw. zu tun	

– Je croyais que c'était un lapin.
– Avant le lapin, j'ai eu un canard, un caneton, quoi. Je lui ai fait prendre un bain dans la baignoire. Il a clamsé. Je ne sais pas pourquoi. L'eau était peut-être trop chaude ? Ou c'est le savon...

Les canards et les lapins semblaient avoir pris le devant de la scène dans la vie de Jocelyn.

Je demandais :
– Ta mère vient te voir quand même ?
– Elle me ramène mon linge. Tu comprends, elle s'est trouvé un jules, mais elle ne lui a pas dit qu'elle avait un fils. Il se barrerait, tu vois ?

J'acquiesçai, pensivement.
– Ticket est devenu mauvais depuis quelque temps, reprit Joss en se relevant, je préférerais un furet mais ça pue en appartement. Bon, j'y vais. Salut, machin.
– Émilien.
– Mon canard, c'était Blackie. Allez, salut.

Je suis revenu du canal jusqu'aux Alizés. J'avais de quoi m'occuper l'esprit. Je me disais : c'est quelqu'un comme moi. On me trouve bizarre souvent. Il est bizarre. Mais je crois qu'il n'est pas bizarre de la même façon. On se sent mal avec lui. Quand il parle, on a envie de se reculer. Le canard mort dans la baignoire, la mère qui cache son fils. Et s'il était fou ?

Marie-Aude Murail, *Le clocher d'Abgall*,
L'école des loisirs, Paris 1989

● **Autour du texte**

1 En quoi la situation familiale d'Emilien et celle de Joss se ressemblent-elles ? En quoi sont-elles différentes ?

→ Cda, p. 17

2 a) Comment Emilien voit-il Joss ?
   b) Et vous, trouvez-vous que Joss est fou ? Justifiez votre réponse.

3 a) A votre avis, comment Joss arrive-t-il à se débrouiller tout seul ?
   b) Pourquoi Joss dit-il que « Ça ne change pas grand-chose » (L. 37) ?

4 La lecture de l'extrait vous a-t-elle donné envie de lire le roman ? Dites pourquoi (pas).

● **Au-delà du texte**

Discussion

→ Participer à une discussion, p. 77

A votre avis, en quoi la présence d'un enfant peut-elle gêner une mère ou un père divorcé ?

6 Ma mère, son mec, mes demi-frères et moi

● **Approche**

D'après le titre et la photo ci-dessus, de quel type de famille pourrait-il s'agir ?

La langue française a inventé un nouveau mot pour les désigner : on les appelle les « familles recomposées ». En 1999, on comptait en France 700 000 foyers où, après un ou plusieurs divorces, les enfants apprennent à vivre avec un nouveau « père », une nouvelle « mère » ou de nouveaux frères et sœurs avec lesquels ils n'ont aucun lien bio-
5 logique. Un tiers des 15–17 ans dont les parents sont séparés vivent aujourd'hui avec un parent « recomposé ». Ce qui n'est pas toujours facile à vivre… Comment trouver une place dans ces familles new-look ? La question est complexe mais certains pensent que la famille recomposée peut aussi être une vraie source d'enrichissement.

« J'ai accès à deux univers différents »

10 Cyril, 16 ans, deux demi-sœurs : « Lorsque ma mère s'est remariée, je n'avais pas de sentiments particuliers envers mon beau-père. C'était le mari de ma mère, point barre. Comme elle a continué à s'occuper de moi comme avant, cela ne m'a pas gêné qu'elle se mette avec lui. On ne peut pas dire que je m'entende mal avec mon beau-père, mais nous n'avons pas beaucoup de points communs. Il n'intervient pas trop dans mon

2 **le foyer** *ici :* la famille
8 **l'enrichissement** *m* le fait de rendre ou de devenir plus riche
9 **(avoir) accès à** (avoir) la possibilité d'entrer dans
11 **particulier, -ière** spécial
11 **point barre** *fam* Schluss aus, basta
14 **intervenir** eingreifen

éducation. Ce sont encore mes parents qui me "dirigent". Entre eux, il n'y a pas de conflits, et ma mère veut que je continue à voir mon père. Quelquefois, ils vont même au resto ensemble ! Je vais chez mon père le week-end, et on s'entend bien. J'aime ma famille comme elle est. Etre dans une famille recomposée me donne accès à deux univers différents. Je trouve que c'est un avantage. »

« J'ai l'impression d'être une invitée »

Emma, 15 ans, un frère, une sœur, deux demi-frères et une demi-sœur : « Mon beau-père vit avec nous depuis dix ans mais je n'ai eu jamais eu de vraie conversation avec lui. C'est comme un étranger qui habiterait à la maison. Ma sœur, qui a 13 ans, le provoque souvent. Nous ne sommes pas très respectueuses avec lui. Je crois qu'il a peur de nos réactions, alors il ne dit rien et c'est ma mère qui intervient pour nous remettre en place. Mon frère, lui, se renferme. Je vois encore mon père, mais ça ne se passe pas très bien non plus. Nos relations sont très superficielles et, quand je suis chez lui, j'ai l'impression d'être une invitée, pas sa fille. Il a eu deux autres fils, mais ils sont pour moi comme des cousins, pas comme des frères. C'est plutôt ma demi-sœur du côté de ma mère que je considère comme une vraie sœur. Je connais d'autres jeunes qui vivent dans des familles recomposées et ça se passe très bien. La famille idéale ? Que mes parents soient encore ensemble, avec mon frère, ma sœur et moi. »

Anne-Sophie Ehrhart, © *Phosphore*, Bayard Jeunesse, 2003
(texte abrégé et légèrement adapté)

● Autour du texte

1 Relisez l'introduction (L. 1–8) et dites comment Anne-Sophie Ehrhart voit les « familles recomposées ».

2 a) Décrivez la constellation familiale sous forme graphique et qualifiez les relations de Cyril et d'Emma avec leurs familles à l'aide des symboles suivants : (+) : bonne relation ; (+/−) : relation neutre ; (−) mauvaise relation.
   b) D'après ces deux témoignages,
   – qu'est-ce qui peut poser problème dans les familles recomposées ?
   – quel est l'avantage principal de ce genre de famille ?

3 Partagez-vous l'avis que donne Anne-Sophie Ehrhart dans l'introduction ? Dites pourquoi (pas).

● Au-delà du texte

Internet
Visitez le forum *Famille* à l'adresse www.phosphore.com. Choisissez un ou plusieurs messages de participants avec lesquels vous êtes tout à fait ou pas du tout d'accord et rédigez une réponse que vous pourriez envoyer au forum.

Discussion
a) Connaissez-vous une famille recomposée ? Si oui, voyez-vous des véritables différences entre cette famille et celle qu'on appelle « intacte » ? Justifiez votre opinion.
b) Après avoir lu les textes de ce chapitre, trouvez-vous que la famille est devenue une institution « démodée » dans la société moderne ? Justifiez votre opinion.

Ecriture
Rédigez un compte rendu dans lequel vous résumez ce que vous avez appris sur la famille française d'aujourd'hui.

→ Participer à une discussion, p. 77

→ Bien rédiger ses textes, p. 72

Chapitre 3
Amour, amitié

1 L'amitié, valeur en hausse

● **Approche**
1. Complétez spontanément la phrase suivante : « *Pour moi, l'amitié c'est…* ».
2. a) Avez-vous un(e) meilleur(e) ami(e) à qui vous pouvez faire totalement confiance ?
   b) Qu'est-ce que vous aimez et qu'est-ce que vous n'aimez pas chez lui/elle ?
   c) Dressez une liste des choses que vous aimez faire ensemble.

Voici les résultats d'une enquête réalisée en novembre 2002 auprès de 400 jeunes Français âgés de 13 à 17 ans.

Les valeurs
Pour chacun des mots suivants, dites s'il représente pour vous quelque chose de très important, d'assez important, de pas très important ou de pas important du tout ?

	très important	assez important	peu ou pas important
La famille	87	12	1
L'amitié	84	15	1
Les études	79	18	3
Le travail	72	25	3
La solidarité	69	27	4
L'amour	58	34	8

Les choses indispensables pour vivre heureux
Pour chacune des choses suivantes, dites si vous la jugez indispensable, très importante, importante mais sans plus ou pas importante du tout pour vivre heureux.

	indispensable	très importante	peu ou pas importante
Avoir un métier intéressant	38	56	6
Etre entouré d'amis	38	48	14
Se cultiver	26	51	23
Avoir la sécurité de l'emploi	24	52	24
S'engager au service des autres, aider les autres	19	58	23
Vivre en couple	16	50	34
Avoir des enfants	16	41	43
Gagner beaucoup d'argent	13	30	57

une valeur Wert
en hausse qui monte
indispensable nécessaire
juger qc/qn donner une opinion sur qc/qn
se cultiver sich (weiter) bilden
la sécurité Sicherheit

Les activités et les loisirs

Dans la liste suivante, quelles sont les activités auxquelles vous consacrez le plus de temps ?

Sortir avec des amis	60 %	Faire du sport	45 %
Ecouter de la musique	49 %	Regarder la télévision	41 %

Enquête réalisée par la Sofres,
parue dans *Télérama* n° 2760, 4 décembre 2002

« Mes amis ne sont que des garçons. Ils jouent un rôle très important dans ma vie. Ensemble on fait du sport et je partage avec eux la plupart de mes activités (disco, cinéma, etc.). Même en vacances, je pars avec un ou plusieurs amis. Je trouve que l'amitié est une façon de se sortir de sa famille et d'élargir ses horizons. »   (Patrick)

« Je fais une différence entre les copains ou copines et les vrai(e)s ami(e)s. Avec les premiers, la relation peut être superficielle : on passe des bons moments ensemble, c'est tout. Mais les ami(e)s, c'est ceux ou celles à qui l'on dit tout. Et c'est très important d'avoir comme ça quelqu'un qui vous connaît bien, vous écoute et ne vous juge pas. »   (Sarah)

Les clés de l'actualité, © Milan Presse, 2001

partager qc avoir qc en commun
élargir erweitern

→ Cda, p. 19

● **Autour des textes**

1. Réalisez la même enquête auprès de vos camarades de classe.
2. Comparez les résultats avec ceux du sondage de *Télérama*.
3. Commentez ce dernier en vous servant des expressions ci-dessous.
4. Dites ce qu'est l'amitié pour Patrick et Sarah. Partagez-vous ces conceptions de l'amitié ?

Pour parler d'une enquête / pour commenter un sondage

– Plus de … / Moins de …
– La moitié des…   disent / croient / trouvent / pensent / considèrent que…
– La plupart des…

– Une (grande) majorité (des…) /
  Seule une minorité (des…)   considère (nt) + *nom* + comme + *adj*

– Pour … %, il est très important / primordial / indispensable / nécessaire…

Pour comparer des résultats

– en ce qui concerne / quant à / pour ce qui est de…   on peut constater un parallèle /
– par comparaison avec / comparé à / par rapport à…   une différence entre… et…
– contrairement à
– à la différence de
– par contre, …

● **Au-delà des textes**
Internet
Les sites www.momes.net et www.phosphore.com vous proposent de nombreux témoignages au sujet de l'amitié. Choisissez-en 2 ou 3 qui vous plaisent et présentez-les à la classe.
(Attention : Les textes des jeunes sont parfois remplis de fautes de français…)

Amour, amitié **25**

2 Jamais sans ma bande !

● **Approche**
1 Renseignez-vous à l'aide de votre dictionnaire unilingue sur les différentes significations du mot « bande ».
2 Qu'est-ce que vous associez au titre du texte « Jamais sans ma bande » ?

→ **Bien utiliser les dictionnaires, p. 68**

Comme tous les mercredis, Mélanie, 17 ans, a rendez-vous avec ses copines Julie, Marine, Justine et Monia. Au programme de la journée, tests « pour rire » dans les magazines féminins, tournée des boutiques pour essayer « plein de trucs rigolos », confidences en tous genres… « *On est une vraie bande de filles, on a les mêmes passions,*
5 *les mêmes folies, quelquefois on est vraiment comme des gamines* », reconnaît Mélanie. Amies depuis la fin du collège, elles se sentent proches au point de « tout partager ».
Chez Alexis, autre ambiance. L'après-midi se passera au sous-sol, pour une séance jeux de rôles avec Grégoire, Justin, Matthias et Jérémie. Tous ont entre 16 et 18 ans, et les mêmes goûts : les jeux de rôles et le sport. « *Au début, c'est ce qui nous a rapprochés, et*
10 *puis on est devenus inséparables,* explique Alexis. *Entre garçons, on se confie moins qu'entre filles, mais à eux, je dis des choses que je ne dirais pas aux autres.* » Reconnaissons-le,

3 **une tournée** *ici* : Bummel
4 **une confidence** vertrauliche Mitteilung
5 **une folie** *ici* : verrückte Idee
5 **une gamine** une (petite) fille
5 **reconnaître** *ici* : zugeben
6 **proche** ≠ distant, e
7 **le sous-sol** Kellergeschoss
9 **le goût** Geschmack
10 **inséparable** unzertrennlich
10 **se confier à qn** sich jdm anvertrauen

13	**propice à** bon pour
14	**un cercle** *ici :* un groupe
15	**une épreuve** *ici :* Belastungsprobe
16	**une caractéristique** typisches Merkmal
16	**un réseau** Netz
20	**la proximité** Nähe
26	**accueillant, e** ouvert,e aux autres
27	**en autarcie** seul, de manière autonome
28	**s'éloigner** partir
29	**perçu,e** vu
29	**ringard, e** démodé
31	**un effet** un résultat
31	**inverse** contraire
33	**pire** ≠ meilleur

l'amitié avec un grand A, la bande d'amis, ça nous fait tous rêver, même si on y arrive plus ou moins. Les années lycée ou l'université sont propices aux amitiés. Les copains d'études constituent 62 % du cercle amical des jeunes de 15 à 24 ans. Et ce sont eux qui résistent le mieux à l'épreuve du temps. Etre ouverts et prêts à agrandir le cercle, c'est l'autre caractéristique des réseaux de l'adolescence. Logique : plus on a d'amis, plus on a de chances qu'ils nous présentent d'autres amis.

Il n'est pas étonnant que l'on se choisisse des gens qui nous ressemblent. On aime partager les mêmes choses. Les loisirs, le sport, les fêtes et les études constituent la base commune du groupe. La proximité géographique et le milieu social comptent aussi.

Lundi, coup de téléphone entre Justine et Marine, mardi échange de mails avec Monia, mercredi, tout le monde se retrouve au café… « *Mes copains m'aident à prendre mes distances avec la famille,* reconnaît Mélanie. *La bande est un peu comme une deuxième famille… Entre nous, on se sent en sécurité.* » Mais sous des airs de « on est cools et ouverts », la bande n'est pas toujours très accueillante. Car une fois qu'on a trouvé ses amis, on a souvent tendance à fonctionner en autarcie, sans les autres.

La bande d'amis à l'adolescence est un excellent lieu de passage pour s'éloigner du cercle familial. Les parents sont souvent perçus comme ringards et, au moment où le besoin de prendre ses distances se fait sentir, la bande d'amis, c'est idéal !

Mais elle produit parfois l'effet inverse. Mélanie le reconnaît : « *En discutant avec mes copines, il m'arrive de relativiser mon opinion sur mes parents ; je me rends compte que dans les autres familles, c'est souvent pire…* »

Béatrice Girard, © *Phosphore*, Bayard Jeunesse, 2002
(texte abrégé et adapté)

● **Autour du texte**

1. Dans son article, Béatrice Girard essaie d'expliquer le phénomène des bandes d'amis en s'appuyant sur des exemples. Mettez en évidence la structure du texte en séparant les éléments explicatifs des exemples.
2. Commencez avec les exemples et faites le « portrait » des 2 bandes (noms, activités, qualité de l'amitié etc.).
3. D'après le texte, quels sont les aspects positifs et négatifs de l'amitié entre jeunes d'une même bande ? Faites deux listes.

● **Au-delà du texte**

Conversation

Vous-même, faites-vous aussi partie d'une bande d'amis ? Si oui, parlez de votre « bande » et des activités que vous avez ensemble.

Ecriture

Faites le portrait des amis qui composent votre bande. Dites ce que vous avez en commun et en quoi vous êtes différents les un(e)s des autres.

→ **Caractériser un personnage, p. 73**

3 « Je t'aime bien, mais je ne t'aime pas »

● **Approche**

1 D'après le titre, quel est le sujet du texte ? Formulez une ou deux hypothèses. Comment traduiriez-vous le titre en allemand?
2 Retrouvez les adjectifs qui sont à la base des mots suivants et donnez la signification de ces derniers ; *gravissime, raccourci, verdure, grandir, vieillir*.

→ Retrouver le sens des mots, p. 65

C'est l'année du bac pour Manuella, 18 ans. En cours, tout se passe bien pour elle. Elle s'entend bien avec ses parents et ses amies. Mais ses relations amoureuses ne sont pas formidables. Dans l'extrait suivant, Manuella a rendez-vous avec David, un de ses amis…

Il respirait un peu plus fort maintenant, plus saccadé, et j'avais l'impression qu'il avait préparé tout ce discours avant de se pointer en bas de chez moi, vêtu en Tintin, et qu'il le récitait, avec un ton gravissime et mortel. Dans ses yeux de chat, je voyais comme un liquide ou une lueur qui avait l'air liquide. Il avait des yeux habités, rien d'effrayant,
5 un peu glauque, différent de ce que j'avais cru savoir de lui au lycée, ou en boîte, ou n'importe où. C'était un autre David, comique au début, mais maintenant un peu bizarre. Il a continué :

– Manu, j'ai pris plusieurs décisions capitales aujourd'hui en ce qui nous concerne tous les deux. La première, c'est que je ne t'appellerai plus Manu comme ils font
10 tous, mais Manuella, c'est ton vrai nom, ta vraie identité, tu comprends, c'est pas un truc raccourci, un machin de copain, un truc de conversation dans les bus ou dans les cafés, non. C'est sérieux, c'est un nom de femme, tu es Manuella ! Ma deuxième décision, c'est que je ne peux pas continuer à t'aimer comme ça sans que tu m'en donnes des preuves et il faut qu'on aille ensemble dans un lit et qu'on y fasse l'amour.

15 – Quoi ?

Il s'est interrompu et il s'est encore rapproché de moi, et comme je reculais à mesure qu'il avançait, je me suis retrouvée les jambes contre la banquette en cuir bouilli le long du mur. Je me suis assise, ce qui a dû le calmer, parce qu'il s'est assis à côté de moi, mais tout contre. Il n'a rien dit pendant un moment, comme s'il attendait
20 ma réponse. Plus il se taisait, et plus je me taisais, et plus je me disais qu'il fallait quand même répondre sincèrement, même si je ne voulais pas lui faire du mal. Je l'aime bien, David, comme tous les garçons que je vois, mais c'est un ami, et encore pas un vrai – et puis je le connais depuis si longtemps ! Trop longtemps. J'ai dû le connaître au jardin d'enfants, je l'ai vu à des tonnes d'anniversaires, on a dû faire des classes de verdure et
25 de neige ensemble, et puis on a dû se retrouver et se perdre de classe en classe, et puis on s'est vus grandir tous les deux, on s'est vus vieillir, on a passé tellement de moments ensemble mais jamais tout seuls, et puis j'ai dû l'embrasser une fois, oui, c'est vrai, mais rien, à une soirée, sur les lèvres, parce qu'il m'avait dit quelque chose que j'avais trouvé très émouvant. Bon d'accord, il a grandi, mais je suis incapable de l'envisager
30 comme quelqu'un de mon âge – et encore moins comme un être doué de sexualité. Je ne comprends pas comment de son côté il en était arrivé à vouloir « sortir », comme on disait à l'époque – coucher, ou faire l'amour, comme il disait, lui. Pourquoi m'avoir choisie ? Je l'ai pris par la main, ce qui était sans doute une erreur, mais je sentais qu'il fallait le faire pour lui dire la vérité.

1 **saccadé** in kurzen Stößen
2 **se pointer** *fam* arriver
2 **vêtu,e** habillé
3 **réciter** aufsagen
4 **un liquide** Flüssigkeit,
4 **une lueur** *ici :* Funkeln
3 **habité,e** *ici :* besessen
4 **effrayant,e** qui fait peur
5 **glauque** *ici :* bizarre
6 **n'importe où** wo auch immer
11 **un machin** *fam* etwas
14 **une preuve** Beweis
17 **à mesure que** je mehr…
17 **le cuir bouilli** Hartleder
21 **sincère** ehrlich
28 **la lèvre** Lippe
29 **émouvant,e** bewegend
29 **envisager** considérer
30 **doué, e de qc** *ici :* qui a qc
33 **sans doute** peut-être

– David, lui ai-je dit, comprends-moi, je t'aime bien mais je ne t'aime pas.

Il a serré ma main, fort, violent.

– C'est impossible. Tu ne te rends pas compte que tu n'arrêtes pas de me sourire et de me regarder, moi, en classe ou ailleurs. On est pareils tous les deux, on est faits pour être ensemble.

Il a retiré sa main et il a voulu m'attirer vers lui.

– Tu ne peux pas dire le contraire, m'a-t-il dit. J'ai assez remarqué que tu ne sors avec aucun garçon, c'est parce que tu m'attends, Manu, tu attendais que je te dise tout ça.

J'ai souri.

– Je croyais que tu ne devais plus jamais m'appeler Manu.

– T'es dure, a-t-il dit.

Philippe Labro, *Manuella*, © Editions Gallimard, Paris 1999

→ Repérer les informations d'un texte, p. 70/Cda, p. 21-22

● **Autour du texte**

1. Relevez les informations principales du texte.
2. Comment Manuella réagit-elle à la déclaration de David ?
3. Trouvez-vous aussi que Manuella est « dure » ? (L. 45)

● **Au-delà du texte**

Discussion

Pensez-vous qu'il soit possible d'avoir un(e) meilleur(e) ami(e) du sexe opposé sans en tomber amoureux/-euse ?

Ecriture

Ce soir-là, David ou Manuella se confie à son journal. Imaginez ce qu'il ou elle écrit.

4 L'amour

● **Approche**

Avez-vous déjà écrit un poème ? Si oui, à quelle occasion et dans quel but ?

avoir des frissons (m) *ici* : Gänsehaut bekommen
un être une personne
raviver wieder aufleben (lassen)
la joie le bonheur
un partage *ici* : Teilen

L'amour c'est être heureux, c'est avoir des frissons à chaque fois
que l'on rencontre l'être aimé, cet être capable de raviver en toi,
aussi perdu que tu sois, une lumière, lueur d'espoir, signe de joie.

L'amour c'est chaque jour se réveiller avec une image devant les yeux,
une image qui donne envie de vivre, de s'amuser.
C'est avoir envie de serrer l'amour dans ses bras, de l'embrasser.

L'amour est aussi découvrir l'autre, c'est vouloir se rapprocher de lui,
se rapprocher de sorte que les deux corps ne fassent plus qu'un.

L'amour c'est un partage de sentiments, c'est l'envie de faire plaisir,
l'envie d'être heureux.
Je t'aime.

Poème de Sébastien,
www.momes.net, janvier 2003

● **Autour du texte**
1 Lisez – éventuellement à haute voix – le poème de Sébastien. Quelles sont vos premières réactions à la lecture du poème ? Notez-les, puis mettez-les en commun.
2 Sébastien se sert d'images pour exprimer ses sentiments. Pour chaque strophe du poème, reformulez, avec vos propres mots, la vision de l'amour qu'a Sébastien.

● **Au-delà du texte**
1 Ecrivez une petite histoire d'amour qui a pu être à l'origine de ce poème.
2 Est-ce que vous connaissez d'autres poèmes ou des chansons, contes, romans, films d'amour ? Choisissez-en un(e) qui vous plaît et présentez-le/la à la classe en expliquant pourquoi vous le/la trouvez bien.
3 Ecrivez un petit poème dans le genre de « L'amour c'est être heureux ». Pour la structure de votre poème, vous pouvez vous inspirer du poème de Sébastien ou d'autres, que vous trouverez par exemple sur www.momes.net.

→ **Bien rédiger ses textes, p. 72**

5 Homo, et alors ?

● **Approche**
Donnez des exemples de situations dans lesquelles on doit/devrait se montrer tolérant. Vous-même, pensez-vous être tolérant(e) ?

Bonjour la tolérance…

Pensez à ce lycéen de 16 ans, homosexuel, qui ne fait de mal à personne. On le méprise, on se moque de lui. Pourquoi tant de haine ? Oui, je suis homo et alors ? Vos insultes : tapette, pédé, tantouze… Ras-le-bol !
Je ne suis pas si différent de vous. Je ressens les mêmes choses. L'amour n'a pas de loi. Ne détruisez pas une personne parce qu'elle aime quelqu'un du même sexe. C'est beau l'amour, non ? Alors, un peu de tolérance, s'il vous plaît !
(Alexandre)

J'accepte pas de lire des choses comme ce qu'a écrit Alexandre : c'est un homo et il en est fier. Mais au fond de lui, il doit avoir honte et s'il écrit qu'il ressent les mêmes choses que nous en faisant l'amour, c'est qu'il n'a jamais fait l'amour avec une fille. Moi, je lui conseille de redevenir normal, de sortir avec une fille et de comparer et il verra que tous ceux qui pensent comme moi ont raison. Et vous, que pensez-vous des homos ?
(Thomas)

© *Phosphore*, Bayard Jeunesse, 1999
(textes abrégés et légèrement adaptés)

mépriser verachten
la haine ≠ l'amour
une insulte Beleidigung
une tapette / un pédé / une tantouze *fam* un homosexuel
en avoir ras-le-bol *fam* en avoir assez
le sexe *ici :* Geschlecht

« J'assume mon homosexualité »

Un entretien avec Stéphanie, 19 ans, lesbienne.

A quel âge t'es-tu rendu compte que tu étais homosexuelle ?

Depuis toute petite j'étais attirée par les filles, mais en même temps, je tombais amoureuse de garçons. La véritable prise de conscience a eu lieu en seconde, à 16 ans, j'en pinçais vraiment pour ma meilleure amie. Je faisais des rêves érotiques qui la concernaient. Je lui ai avoué et elle ne m'a plus jamais adressé la parole. Du coup, ensuite j'ai eu un petit copain que j'avais même présenté à mes parents, par conformisme, mais je n'étais pas à l'aise. Je pensais à des filles. En première, j'ai traversé une période de ma vie où je me posais beaucoup de questions, y compris de sexualité. J'ai lu un article dans lequel une jeune fille racontait son coming-out, je lui ai écrit, nous avons correspondu et nous nous sommes rencontrées. Ce fut le coup de foudre, et j'ai compris que j'étais lesbienne. Nous sommes toujours ensemble.

Tes parents sont-ils au courant ?

Oui, nous en avons parlé et cela a été très dur pour eux. Ils étaient persuadés que ce n'était pas un vrai choix, mais plutôt une sorte de déception amoureuse. Un soir ma mère m'a dit qu'ils avaient finalement réfléchi. Et ils m'ont payé le billet de train pour la rejoindre en vacances, à Aix-en-Provence.

Et maintenant comment cela se passe-t-il ?

Je suis épanouie, j'assume mon homosexualité en public et dans la rue. Mes amis et certains membres de ma famille sont au courant et l'acceptent. J'envisage cependant de faire mon véritable coming-out le jour de mes 20 ans, en juillet, notamment pour l'annoncer à mes trois frères dont j'appréhende la réaction car ils sont machos.

Qu'espères-tu exactement ?

J'aimerais qu'ils me félicitent et nous posent des questions sur notre rencontre, comme pour un couple d'hétéros. De toute façon, je couperai les ponts avec les mécontents car c'est mon choix. C'est ma vie.

Propos recueillis par Carine Cepi, *Les clés de l'actualité*, © Milan Presse, 2001 (texte abrégé)

---

1 **assumer** accepter
8 **véritable** vrai
8 **la prise de conscience** *f* Bewusstwerden
10 **en pincer pour qn** *fam* in jdn verknallt sein
14 **du coup** c'est pourquoi
17 **être à l'aise** sich wohl fühlen
22 **le coming-out** öffentliches Sichbekennen zur Homosexualität
27 **au courant** informé
37 **épanoui,e** aufgeblüht
40 **envisager de faire qc** avoir l'intention de faire qc
41 **cependant** pourtant
43 **notamment** particulièrement
44 **appréhender qc** avoir peur de qc
47 **féliciter qn de qc** jdm zu etw. gratulieren
50 **couper les ponts** ne plus avoir de contact

● **Autour des textes**
1 Résumez en une phrase les positions d'Alexandre et de Thomas.
2 Racontez comment Stéphanie a progressivement pris conscience de sa « différence ».
3 Quelles ont été les réactions des filles auxquelles elle a avoué ses sentiments ?
4 Quel est le comportement de ceux qui sont au courant ?

→ Raconter, p. 75

● **Au-delà des textes**

Ecriture
Rédigez une réponse à la lettre d'Alexandre ou à celle de Thomas.

→ Rédiger une lettre privée, p. 75/Cda, p. 22

Internet
Cherchez d'autres témoignages à ce propos, par exemple sur www.phosphore.com ou www.momes.net

Discussion
Stéphanie semble bien vivre son homosexualité, mais ce n'est pas le cas de tous les jeunes qui sont dans cette situation. A votre avis, pourquoi certains se cachent-ils ? Comment réagit la société vis-à-vis des homosexuels ? Que pensez-vous de ces réactions ?

→ Participer à une discussion, p. 77

6 Seul contre tous… !

séropositif, -ive HIV-positiv

● **Autour de l'affiche**
1 Décrivez l'image, puis mettez-la en rapport avec le slogan. Quel est le message de cette affiche ?
2 Cette affiche se trouvait dans des endroits publics (arrêts de bus, stations de métro, etc.). A votre avis, quel effet produit-elle sur les gens ? Et sur vous ?

Internet
Sur le site http://publications.lecrips.net/airs/index.asp vous trouverez d'autres affiches de campagnes de lutte contre le sida. Choisissez-en une, décrivez-la et expliquez pourquoi elle pourrait sensibiliser la population.

Discussion
Pensez-vous que vous êtes suffisamment informés sur la prévention du sida ?
Quelles mesures l'école ou d'autres organisations prennent-elles pour vous informer ?

→ Décrire une image, p. 74

→ Participer à une discussion, p. 77

7 Un petit sacrifice

● **Approche**

Dites à quels mots anglais, allemands ou latins les mots suivants ressemblent et donnez leur signification :

un sacrifice, apprécier, un entraînement, le corps, les protestations, obéir, trôner, se reprocher, filtrer, satisfait, excessif, respectable, la communauté.

→ Retrouver le sens des mots, p. 65

Le jeudi, c'est jour de piscine. Une semaine sur deux, le cours de gym est remplacé par la natation. Les élèves apprécient à divers titres ce privilège : c'est plus une détente qu'un entraînement, la discipline se relâche, on peut parler, crier ou rire sans se faire réprimander, et surtout les filles sont en maillot. L'alibi du jeu permettant de bousculer dans l'eau leurs corps à demi nus, personne ne s'en prive. Malgré des protestations pour la forme, les adolescentes ne se dérobent pas. Elles apprécient autant que les garçons ces proximités physiques.

Serviette et slip de bain dans son sac à dos, le Grand Bleu arrive au collège. Il est à peine huit heures un quart, c'est à vingt-cinq que les portes ferment. Sur le trottoir, dans le hall d'entrée et la cour de récréation, les élèves traînent, bavardent, s'attendent les uns les autres.

Le prof de gym attend ses élèves.

« Ah ! s'écrie-t-il en apercevant le Grand Bleu, Thomas Dunoy, le principal veut vous voir.

– Pourquoi ?

– Il vous le dira lui-même. Allez-y, il vous attend. »

Intrigué, vaguement inquiet, le Grand Bleu obéit.

« Toc toc.

– Entrez. »

Le bureau directorial est vaste et solennel. Face à la porte trône l'Autorité. Le visiteur, qui a généralement quelque chose à se reprocher, ne peut que pénétrer sur la pointe des pieds, en se faisant petit petit…

Bien qu'impressionné, le Grand Bleu garde la tête haute.

« Asseyez-vous, mon enfant », dit le principal.

Thomas obtempère. Le principal tripote son coupe-papier. Les bruits du dehors entrent à peine, filtrés par les murs épais.

« Je suis au regret de vous demander, dorénavant, de ne plus vous rendre à la piscine. »

Thomas bondit :

« Pourquoi ? Qu'est-ce que j'ai fait ?

– Rien, rassurez-vous, je peux même vous certifier que vos résultats scolaires sont excellents et que nous sommes très satisfaits. Il s'agit de tout autre chose. Un certain nombre de parents d'élèves craignent une contagion par l'eau de la piscine. Je sais que c'est une aberration, mais je me dois d'en tenir compte. Leur prudence, même excessive, les honore : elle est dictée par l'affection et un sens du devoir hautement respectable. Je pense que vous pouvez comprendre cela, d'autant que vous éprouvez personnellement les effets de cette terrible maladie…

---

2 **la natation** → nager
2 **à divers titres** in mancherlei Hinsicht
4 **réprimander** rügen
5 **nu, e** ≠ habillé
5 **se priver de qc** auf etw. verzichten
6 **se dérober** ausweichen
13 **un principal** un directeur de collège
17 **intrigué, e** stutzig
20 **vaste** très grand
20 **solennel, le** *ici* : officiel, pompeux
21 **pénétrer** entrer
25 **obtempérer** gehorchen
25 **tripoter qc** jouer avec qc
26 **épais, se** dick
27 **dorénavant** à partir de maintenant
29 **bondir** sauter
33 **la contagion** Ansteckung
34 **une aberration** une absurdité
34 **tenir compte de qc** etw. berücksichtigen
35 **l'affection** *f* le sentiment d'amitié ou d'amour
35 **le sens du devoir** Pflichtbewusstsein
36 **d'autant que** zumal
36 **éprouver** *ici* : (ver)spüren

« – Mais voyons, se défend l'adolescent, il suffit qu'ils se renseignent et ils réaliseront leur erreur. Le virus VIH ne se transmet pas par l'eau, surtout quand elle est pleine de chlore ! »

Le principal a un sourire bon enfant :

« Vous savez ce que c'est, mon garçon : les idées reçues ont la vie dure ! Imaginez devant quel dilemme je me trouve : si je passe outre, vos camarades seront privés de natation, leurs parents m'ont prévenu. Deux d'entre eux m'ont encore téléphoné ce matin, et ils étaient formels. Alors, un petit sacrifice pour la communauté ? »

Sans laisser à Thomas le temps de protester, il le congédie.

« Je suis sûr que vous comprendrez dans quelle position délicate je me trouve, et que vous aurez à cœur de me faciliter la tâche », conclut-il tandis que le Grand Bleu, encore ahuri, gagne la porte à reculons.

Gudule, *La vie à reculons*, Hachette Jeunesse, Paris 1994 (texte abrégé)

39 **VIH** HIV
42 **une idée reçue** Vorurteil
43 **passer outre** sich hinwegsetzen
43 **priver qn de qc** jdn um etw. bringen
44 **prévenir** informer
45 **formel, le** catégorique
46 **congédier qn** dire à qn de s'en aller
48 **qn a à cœur de faire qc** jdm liegt daran, etw. zu tun
48 **la tâche** le travail
48 **tandis que** pendant que
49 **ahuri,e** stupéfait
49 **à reculons** en allant en arrière

● **Autour du texte**

1 A la fin du texte, le Grand Bleu ne semble pas avoir « compris » la position du principal. Vous-même, est-ce que vous la comprenez ? Et est-ce que vous l'acceptez ?

2 a) Expliquez en une ou deux phrases ce que le principal entend par « *un petit sacrifice pour la communauté* » (L. 45).
b) Expliquez les mots et expressions suivants : *la discipline se relâche* (L. 3), *sur la pointe des pieds* (L. 22), *le coupe-papier* (L. 25), *le virus ne se transmet pas par l'eau* (L. 39).

3 Etudiez l'argumentation du directeur : Comment est-elle construite ? Quels arguments utilise-t-il ?

4 Décrivez l'atmosphère du bureau du directeur. Quel effet produit-elle sur Thomas ? De quels éléments l'auteur se sert-il pour la mettre en relief ?

5 Faites le résumé de cet extrait de *La vie à reculons*.

→ Résumer un texte, p. 70/Cda, p. 25

● **Au-delà du texte**

Créativité

A deux ou en groupe, imaginez le dialogue que Thomas a avec sa mère après son retour à la maison.

Inventez une suite à cet extrait et rédigez une 4ème de couverture *(hinterer Buchdeckel)* qui présente l'histoire telle que vous l'avez imaginée.

Ecriture

Le soir même, la mère de Thomas écrit une lettre au principal de l'école dans laquelle elle proteste contre la décision prise et exprime ses sentiments. Rédigez cette lettre.

→ Rédiger une lettre officielle, p. 76

Jeu de rôle

Suite à cette scène, une réunion a lieu à l'école entre Thomas, ses parents, le principal, quelques parents qui souhaitent exclure Thomas du cours de natation, quelques camarades de classe. En petits groupes, préparez les arguments des différentes personnes, puis mettez en scène cette réunion.

→ Participer à une discussion, p. 76

Projet

Lisez le livre de Gudule et présentez-le à vos camarades.

Chapitre 4
Tentations

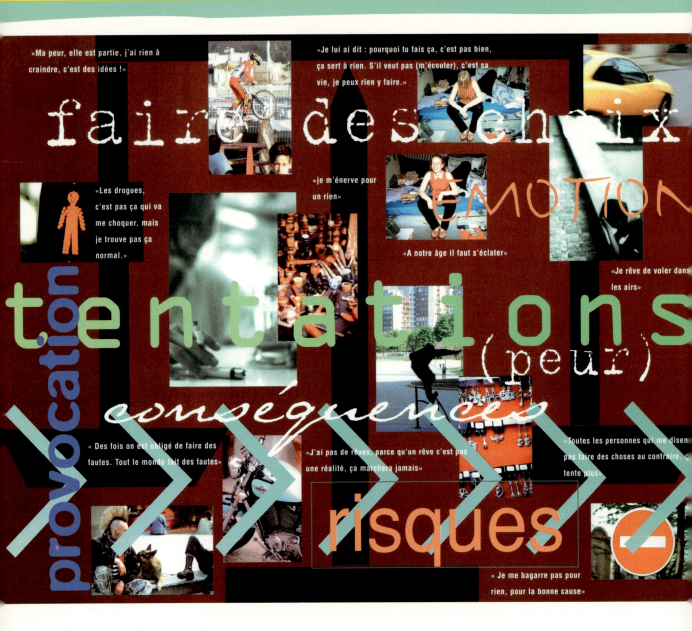

1 Faire des choix

la tentation Versuchung
s'éclater *fam* s'amuser
des fois *fam* quelquefois
se bagarrer *fam* se battre

● **Approche**

Faites une liste des tentations de la vie quotidienne auxquelles les jeunes sont exposés. Auxquelles de ces tentations pensez-vous ne pas savoir bien résister ? Dites pourquoi.

- **Autour de l'affiche**
1. a) *Faire des choix, émotion, tentations, conséquences, risques, provocation :*
   Quels témoignages et quelles images pourraient se rapporter à chacun de ces mots ?
   b) En partant de ces mots, dites en quoi consiste le message de l'affiche.
2. Y a-t-il des phrases et des photos qui vous touchent ou bien qui vous énervent particulièrement ? Lesquelles ? Pourquoi?
3. Comment trouvez-vous cette affiche ? Justifiez votre opinion.

→ Décrire une image, p. 74

2 Le sevrage

- **Autour des dessins**
1. L'avant-dernière bulle est vide. En petits groupes, remplissez-la. Comparez ensuite vos propositions avec celles des autres.
2. Complétez la liste du troisième dessin : Qu'est-ce qu'on pourrait encore arrêter ? Mettez vos réponses en commun.

le sevrage Entzug
être en manque Entzugserscheinungen haben
un portable un téléphone portable *(Handy)*

- **Au-delà des dessins**
Connaissez-vous le sentiment de « sevrage » parce que vous avez vous-même déjà renoncé à quelque chose de « mauvais » ? Racontez.

3 Peut-on vivre sans téléphone portable ?

- **Approche**
La majorité des élèves de votre classe possèdent certainement un téléphone portable ; dans quelles situations est-ce qu'ils l'utilisent le plus souvent ?

Pensez-vous que le portable soit devenu indispensable ?
Léa. Je trouve que le portable est un instrument superficiel. A chaque fois que j'entends une conversation, c'est un échange inutile, du style : « Tu es où ? J'arrive tout de suite… » Bien sûr, je reconnais qu'il y a des cas dans lesquels le portable peut sauver
5 une vie, mais ça n'arrive quand même pas tous les jours.

1 **indispensable** nécessaire
2 **superficiel,le** oberflächlich

6 **joignable** erreichbar	
6 **embêtant,e** qui dérange	
7 **débrancher** ausschalten	
8 **le désert** Wüste	
9 **or** nun (aber)	
10 **être un fil à la patte** ein Klotz am Bein sein	
11 **contraignant,e** lästig	
11 **éteindre** débrancher	
13 **bouffer** *fam* manger	
14 **prévenir** informer	
16 **le resto** *fam* le restaurant	
20 **joindre** contacter	

Virginie. C'est bien d'être joignable partout mais ça peut être embêtant si on ne sait pas débrancher son téléphone dans les lieux publics. C'est utile si on est en panne de voiture, perdu dans le désert, si on s'est cassé une jambe ! Utile mais pas indispensable. Or ceux que je connais l'utilisent seulement pour se demander comment ça va…

Pensez-vous que le portable rend plus libre ou que c'est un fil à la patte ?

Pauline. C'est parfois un peu contraignant. Mais c'est à nous de l'éteindre au moment où l'on a décidé d'avoir la paix.

Léa. Le portable, ça bouffe la vie et l'indépendance.

Paul. Ça rend plus libre. On peut décider au dernier moment de ce que l'on fait et prévenir tout le monde. On peut organiser des sorties plus facilement.

Virginie. Ça rend moins libre. Mes amis sont devenus dépendants. Au resto, ils le débranchent mais dès qu'ils sortent, ils regardent s'ils n'ont pas eu un message. Ça donne l'impression qu'ils n'ont pensé qu'à ça pendant tout le repas. Le portable permet aussi d'être surveillé dans son travail. Un journaliste que j'ai rencontré se plaignait que son rédacteur en chef pouvait le joindre à tout moment. Et lui, il ne pouvait plus faire ses reportages tranquillement !

© *Phosphore*, Bayard Jeunesse, 1999 (texte abrégé)

→ Participer à une discussion, p. 77

- **Autour du texte**
1. Dressez une liste des arguments que les quatre jeunes avancent pour et contre le portable.
2. Avec quels arguments êtes-vous d'accord ? Dites pourquoi (pas).

- **Au-delà du texte**
Ecriture
Dans un courrier des lecteurs, défendez l'une des deux positions :
a) Il n'est pas possible de vivre sans téléphone portable.
b) Le téléphone portable « *bouffe la vie et l'indépendance* » (L. 13).

4   Jeux vidéo : une nouvelle drogue ?

- **Approche**
1. Aimez-vous les jeux vidéo ? Combien d'heures par jour passez-vous en moyenne devant l'écran ?
2. A votre avis, pourquoi est-ce que ce sont surtout les garçons qui s'intéressent beaucoup aux jeux vidéo ?
3. A l'aide d'un mot d'une autre langue ou d'un autre mot de la même famille, expliquez les mots suivants :
   un concepteur, scotché, particulier, inquiet, la console, le Net, un passionné, se sanctionner ?
   (→ Retrouver le sens des mots, p. 65)

1 **décrocher** s'arrêter	
1 **prêter qc à qn** *ici* : jdm etw. zuschreiben	
2 **un cadre** *ici* : leitender Angestellter	
3 **à force de (faire qc)** durch wiederholtes (Tun)	
4 **accro** *fam* dépendant	

« *S'il vous plaît, docteur, aidez-moi à décrocher !* » On prêterait volontiers cette phrase à un fumeur. Elle a été prononcée par un cadre parisien en pleine santé. L'homme avait une brillante carrière de concepteur de jeux vidéo devant lui. Seulement voilà : à force de rester scotché devant son écran d'ordinateur, il en est devenu complètement accro.

L'idée d'éteindre son PC le faisait souffrir, il n'était plus capable de sortir de chez lui et ne pouvait communiquer avec son entourage que par clavier interposé.

Un cas particulier ? Pas vraiment. Depuis décembre 2001, une quinzaine de jeunes adultes (ou de parents inquiets pour leur fils) ont poussé la porte du Centre médical Marmottan (Paris) pour « cyber-dépendance », autrement dit dépendance sévère aux jeux vidéo ou à Internet. Leur point commun ? La console ou le Net sont devenus le centre de leur existence. Cette passion les a conduits à abandonner leurs études, perdre leur boulot, couper les ponts avec leurs amis. Et quand ils ont pris conscience de leur état et décidé de décrocher, ils ont découvert que sans aide extérieure ils étaient incapables d'arrêter de jouer. Exactement comme s'ils étaient accros à l'alcool ou à la cocaïne.

Mario était l'un de ces cyberdrogués. « *Il passait ses journées dehors, jusque tard dans la nuit,* explique son père. *On ne s'inquiétait pas : il nous disait qu'il allait à la fac et nous donnait des notes d'examens. En fait, il inventait tout ! Il passait ses semaines à jouer à "EverQuest", un jeu vidéo auquel on accède par Internet. Une fois devant son ordinateur, il ne pouvait plus s'arrêter, même la nuit. Il a fallu l'envoyer six mois à la campagne, sans PC, pour qu'il parvienne à décrocher.* »

« *Dire qu'on peut être drogué à cette activité-là, c'est du pipeau,* fulmine Mohamed. *Les gens que l'on prend pour des accros des jeux vidéo sont simplement des passionnés, au même titre qu'un type qui passe des milliers d'heures à construire une tour Eiffel en allumettes.* » Mohamed sait de quoi il parle : « *Il m'est arrivé de me réveiller toutes les nuits pendant une semaine pour contrer les attaques d'une équipe d'Australiens* », raconte-t-il. Rien de grave, vu que « *ça ne m'a pas empêché de réussir mes partiels de maths* ». Et faut-il s'inquiéter pour Alfred, qui se dit drogué aux jeux vidéo car il est capable de passer vingt-quatre heures non-stop sur son jeu favori ? Pas plus. Car « *lorsque ce genre de choses m'arrivent, le lendemain, je me dis : faut que je me calme. Alors je me sanctionne : je casse le CD du jeu* ».

© Sophie Coisne, *Science & Vie Junior*, n° 163, février 2003 (texte abrégé)

6 **l'entourage** *m* Umgebung
6 **un clavier** Tastatur
6 **par…interposé** mittels …
16 **la fac** *fam* l'université
18 **accéder à** arriver à
20 **parvenir à faire qc** réussir à faire qc
21 **du pipeau** *fam* du blabla
21 **fulminer** toben, wettern
23 **au même titre que** de la même sorte que
25 **contrer** kontern
26 **vu que** parce que
26 **un (examen) partiel** Klausur

● **Autour du texte**

1 Quelle réponse la première partie du texte (L. 1–14) donne-t-elle à la question posée dans le titre ?
2 Relevez dans le texte les symptômes de la « cyber-dépendance » d'un « cyberdrogué » et expliquez-en les conséquences.
3 a) Comment Mohamed voit-il le problème de la « cyber-dépendance » ?
   b) Etes-vous d'accord avec lui ?
4 Selon vous, qu'est-ce qu'on peut faire pour aider les cyberdrogués à décrocher ?

● **Au-delà du texte**

Discussion

Pour beaucoup de gens, les jeux vidéo violents sont, entre autres, responsables d'un grand nombre d'actes de violences. Pour cette raison ces personnes recommandent leur interdiction. Qu'en pensez-vous ?

→ Participer à une discussion, p. 77

Voici quelques adresses Internet où vous pourriez trouver des informations :
http://www.media-awareness.ca/francais/ressources/educatif/activities/secondaire_1-2/jeux_video/violence_jeux_video.cfm
http://www.media-awareness.ca/francais/parents/jeux_video/inquietudes/violence_jeux.cfm
http://www.france-jeunes.net/article.php?artid=8157

→ S'informer sur Internet, p. 78

Tentations

Faites le test suivant et lisez la recommandation de Kimberly Young, en-dessous du test.

Suis-je vraiment accro ?

La question vous tarabuste ? Pour savoir où vous en êtes de votre consommation de jeux vidéo ou d'Internet, la psychologue américaine Kimberly Young, de l'université de Pittsburgh, propose ce petit test :

- Ressentez-vous un manque lorsque vous n'êtes plus sur votre ordinateur ?
- Est-ce que vous pensez à Internet ou aux jeux vidéo même quand vous n'êtes pas connecté ?
- Avez-vous besoin de passer de plus en plus de temps devant votre ordinateur ?
- Lorsque vous vous connectez, est-ce que vous restez plus longtemps que vous ne l'aviez prévu sur Internet ?
- Devenez-vous incapable de contrôler votre utilisation ?
- Vous sentez-vous irritable quand vous vous apprêtez à débrancher votre ordinateur ?
- Mentez-vous à votre famille ou à vos amis pour cacher le temps que vous passez sur l'ordinateur ?
- Risquez-vous de redoubler ou de perdre vos amis à cause de l'utilisation d'Internet ?
- Allez-vous sur Internet pour échapper à des problèmes ?

Selon Kimberly Young, une personne peut être considérée comme cyber-dépendante si elle répond « oui » à au moins quatre de ces questions. Si tel est votre cas, la meilleure façon de vous faire aider c'est d'en parler avec vos parents, un psychologue ou le service médical scolaire.

Science & Vie Junior, février 2003

---

tarabuster qn inquiéter qn
ressentir sentir
être connecté,e *ici :* online sein
prévoir planen
l'utilisation *f* Nutzung
irritable reizbar
s'apprêter à faire qc se préparer à faire qc
redoubler sitzen bleiben
échapper à qc éviter qc
si tel est… si c'est…

1 a) Qu'est-ce que vous pensez de ce test ?
   b) Est-ce que le résultat vous inquiète ? Dites pourquoi (pas).
2 Connaissez-vous des personnes qui passent vraiment beaucoup de temps face à leur ordinateur ? Diriez-vous que ces personnes sont « accros » ? Si oui, comment se manifeste leur dépendance ?
3 Rédigez un test semblable concernant la consommation télé et demandez à votre voisin(e) de le faire.

5 L'ivresse de la minceur

● **Approche**

1 a) A quelle maladie le titre pourrait-il faire allusion ?
2 b) Pourquoi est-ce que ce sont presque exclusivement les filles qui souffrent de cette maladie ?
3 A l'aide d'un mot d'une autre langue ou d'un autre mot de la même famille, expliquez les mots suivants :
   hospitaliser, se considérer comme, éliminer, la boulimie, juger, l'anorexie, anorexique, estimer, une dépendance affective, fasciner, régler.

→ Retrouver le sens des mots, p. 65

Alexandra a perdu 22 kg en six mois et a été hospitalisée à 38 kg. Aujourd'hui, elle a repris du poids et une vie normale, mais elle ne se considère pas comme guérie.

Alexandra : « Quand j'étais malade, je ne pensais qu'à manger. La nuit aussi, j'en rêvais. Je voyais du chocolat, du beurre dans mon lit. J'ai commencé par éliminer la graisse, puis la viande. Je mangeais des pommes et des légumes. Je buvais 7–8 litres d'eau par jour. Plus je maigrissais, plus je me sentais forte. De temps en temps, j'ai essayé de me faire vomir, quand je trouvais que j'avais trop mangé. Finalement, à 38 kg, j'ai été hospitalisée. Après deux séjours, j'ai fait une crise de boulimie. J'ai pris 5 kg en un mois. Maintenant, ça va mieux. J'ai à nouveau éliminé ce qui est sucré. Le plus dur, c'est mes parents : faut qu'ils arrêtent de me juger à chaque repas. »

« L'anorexie, ce n'est pas qu'un problème de nourriture, estime André Vallard, de l'hôpital Montsouris, à Paris. C'est un problème d'estime de soi, avant tout. Un simple régime ne rend pas anorexique, même si les choses commencent souvent ainsi. » Quelque chose à réparer, une recherche éperdue de reconnaissance. Un manque qui remonte souvent à l'enfance, période où quelque chose ne s'est pas noué dans la relation avec la mère, de manière inconsciente bien souvent, donc pas de culpabilité à avoir. Plus tard, à l'adolescence, ces jeunes filles qui tombent dans l'anorexie entretiennent des relations très intenses avec leur mère.

Mais sous cette apparence soudée se cache plutôt une dépendance affective et un manque d'assurance. Une fille fascinée par sa mère, Gaël, 20 ans, reconnaît aujourd'hui que son anorexie, c'était aussi une façon de se libérer de l'influence maternelle : « Ma mère voulait tout diriger : mes copains, mes sports. Elle réglait toute ma vie ! Mon seul contrôle pour échapper à la dictature de ma mère, c'était ce que je mangeais… ou pas. C'est comme ça que je suis tombée dans l'anorexie… » Et le père dans tout ça ? Il est souvent absent, effacé. Gaël n'a pas revu son père depuis l'âge de 13 ans.

© *Phosphore*, Bayard Jeunesse, 2003
(texte abrégé et légèrement adapté)

---

l'ivresse *f* Rausch
la minceur Schlankheit
2 guérir heilen
5 la graisse le gras
6 maigrir ≠ devenir gros
8 le séjour Aufenthalt
12 l'estime de soi *f* Selbstwertgefühl
13 un régime Diät
14 éperdu,e verzweifelt
14 la reconnaissance Anerkennung
15 se nouer *ici* : se développer
16 de manière inconsciente unbewusst
16 la culpabilité Schuld(gefühl)
19 une apparence soudée Fassade fester Verbundenheit
20 un manque Mangel
20 l'assurance *f, ici* : Selbstbewusstsein
25 effacé,e zurückgezogen, unscheinbar

● **Autour du texte**

1. Retrouvez la structure de ce texte et donnez des titres aux différentes parties.

> Un texte comprend trois parties principales : *l'introduction, le développement, la conclusion*. Le développement est composé de plusieurs paragraphes qui contiennent chacune une *idée principale*.
> (Voir aussi « Résumer un texte », p. 70 et « Bien rédiger ses textes », p. 72)

→ Cda, p. 31

2. Par quels symptômes l'anorexie d'Alexandra s'est-elle révélée ?
3. D'après le texte, quels facteurs peuvent être à l'origine de cette maladie ?

Tentations

● **Au-delà du texte**

Projet

Faites sur Internet une recherche sur l'anorexie en suivant les recommandations que vous trouverez à la page 78.

Informez-vous sur
- les premiers signes,
- les traitements possibles,
- les possibilités d'aider quelqu'un qui en souffre.

Ensuite, présentez les résultats de votre recherche à vos camarades en respectant les règles suivantes :

Présentation orale des résultats de votre travail
- Préparez des *notes* (en français) et faites un *plan*.
- Prévoyez des *éléments visuels* et les *médias* nécessaires.
- Exprimez-vous *simplement et clairement*, restez naturel.
- Intégrez votre « public » : posez-lui des questions pour voir s'il a bien compris.

6 Interdire le tabac aux moins de 16 ans

● **Approche (1)**

Fumez-vous ? Expliquez pourquoi (pas).

2 **inciter qn à faire qc** jdn antreiben etw. zu tun
5 **faisable** → faire
5 **approuver qn** être d'accord avec qn
12 **s'essouffler** avoir du mal à respirer
14 **être tenté,e** in Versuchung geraten (→ la tentation)
19 **le fric** *fam* l'argent
21 **la douleur** Schmerz
23 **le cancer** Krebs
24 **se déclarer** *ici :* ausbrechen
24 **une survie** *ici :* Überlebenschance

« Je fume depuis trois ans. C'est la communauté, mes copains, qui m'ont incité à commencer. Si je voulais arrêter de fumer, je crois que j'aurais des difficultés mais ça doit être faisable. Mes parents ne m'approuvent pas car ils ne fument pas. Je suis d'accord avec le projet de loi, car avant 16 ans, c'est peut-être un peu tôt pour fumer. »

(Elodie, 18 ans et demi)
Les clés de l'actualité, © Milan Presse, 2001

« moi je dis que vous êtes tous dingues. je ne fume pas, je ne bois pas d'alcool et j'en suis pas mort, j'ai de l'énergie je peux courir 10 minutes sans être essoufflé ; mon père fume et c'est pas pour ça que j'ai été tenté mais pour ceux qui veulent essayer de fumer ! ne commencez jamais et dites-vous que dans 50 ans vous vous retrouvez sur un lit d'hôpital à cause des cigarettes, les cigarettes vous volent aussi tout votre argent, VOTRE FRIC PART EN FUMÉE. croyez-moi j'ai vu mon grand-père mourir à cause du tabac et soyez-en certains ce n'est pas sans douleur. on perd la mémoire, coma et puis on meurt. et n'en parlons même pas ; quand le cancer s'est déclaré vous avez une survie de 6 à 9 mois. alors si vous voulez avoir un cancer fumez. c'est ce que vous y gagnerez »

(ignoble, le 10/04/2003)

http://www.tasante.com
(texte abrégé et légèrement adapté)

● **Autour du texte**

1 a) Dites en une seule phrase pourquoi Elodie fume et « ignoble » pas.

   b) Que pensez-vous de leurs arguments ?

2 Expliquez la phrase d'ignoble : « *Votre fric part en fumée* » (L. 19).

● **Approche (2)**

1. Décrivez l'affiche ci-contre.
2. Quel jeu de mots se cache derrière cette affiche ? (Si vous avez des problèmes à identifier ce jeu de mots, cherchez dans votre dictionnaire bilingue la traduction de *Gräte*.)
3. Expliquez les mots suivants par un autre mot de la même famille que vous connaissez : *l'interdiction, la vente, la baisse, sanitaire, éduquer*.
   (→ *Retrouver le sens des mots*, p. 65)

Les Clés : Alfred Recours, pourquoi êtes-vous partisan de l'interdiction de la vente de tabac aux moins de 16 ans ?
Alfred Recours (député) : C'est une mesure sanitaire. Les jeunes sont la cible des fabricants de tabac, car ce sont les consommateurs de demain. On commence à fumer à
5 l'adolescence. Si durant cette période on ne fume pas, on ne fume jamais. C'est pourquoi il est important d'empêcher les jeunes de fumer.
Ne craignez-vous pas qu'interdire le tabac incite davantage les jeunes à fumer ?
Si l'interdiction est inefficace, pourquoi interdit-on la vente d'alcool aux moins de 16 ans ? Je sais que la prohibition ne provoquera pas une baisse massive de la consomma-
10 tion mais au moins auront-ils conscience des risques sanitaires qu'ils prennent.
Les Clés : Robert Mollimard, pourquoi êtes-vous contre cette interdiction ?
Robert Mollimard (président de la Société française de tabacologie) : On n'a jamais réglé un problème en interdisant. Dans les Etats où la mesure est appliquée (comme aux Etats-Unis dans le Massachusetts…), elle est inefficace car l'adolescent a le goût de
15 la transgression. Rien de plus excitant que de consommer des produits interdits ou réservés aux adultes ! De plus, cela va générer des trafics et du racket, les plus de 16 ans revendront les cigarettes aux moins de 16 ans, et pourront ainsi rembourser leur consommation.
Que proposez-vous alors ?
20 D'interdire le tabac dans les établissements scolaires car ce sont des lieux d'éducation. Il faut également éduquer les ados aux risques du tabac, et notamment au phénomène de dépendance. A 16 ans, on croit être maître de son corps. Je peux m'arrêter quand je veux, disent-ils. C'est faux, la cigarette provoque une véritable addiction, au même titre que les drogues ou l'alcool.

Propos recueillis par Carine Cepi,
Les clés de l'actualité, © Milan Presse, 2001

1 **être partisan de** être pour
3 **une mesure** Maßnahme
3 **une cible** *ici :* Zielgruppe
5 **durant** pendant
7 **davantage** plus
8 **inefficace** inutile
9 **la prohibition** l'interdiction
10 **avoir conscience de qc** savoir qc
13 **appliquer** anwenden
14 **avoir le goût de qc** aimer qc
15 **la transgression** Verstoß, Überschreitung
15 **excitant,e** aufregend
16 **générer** avoir pour conséquence
16 **le trafic** Handel
16 **le racket** Erpressung
17 **rembourser** *ici :* payer
20 **un établissement scolaire** une école
21 **notamment** surtout
23 **une addiction** une dépendance

● **Autour du texte**

1. Présentez sous forme de liste les arguments pour et contre l'interdiction de la vente du tabac aux moins de 16 ans.
2. Cherchez d'autres arguments et ajoutez-les à la liste.
3. Quels arguments trouvez-vous convaincants / peu convaincants ? Justifiez votre opinion.

● **Au-delà du texte**
Discussion
Le 10 juillet 2003, l'Assemblée nationale a adopté une loi qui interdit la vente de cigarettes aux moins de 16 ans. Faut-il introduire une loi semblable en Allemagne ? Prenez position et essayez de convaincre ceux qui ne sont pas de votre avis.

→ *Participer à une discussion*, p. 77/Cda, p. 32

7 Au creux de ton bras

● **Approche**

1. Vous connaissez peut-être directement ou indirectement (par la presse ou la télé) des gens qui prennent des drogues « dures ».
   a) Qu'est-ce qui les a poussés à prendre des drogues ?
   b) Comment se comportent-ils quand ils sont en manque ?
2. Ecoutez la chanson une première fois, dites comment vous la trouvez. Parlez de la musique, de la mélodie, du rythme, des instruments, de la voix du chanteur. Servez-vous du vocabulaire « *Pour parler d'une chanson* », que vous trouverez à la page 79.

Ça fait des heures que tu l'attends
T'as mal aux os, t'as mal au dos
Tu transpires, c'est pas parce qu'il fait chaud
Et tu trembles, c'est pas parce que t'as froid
Et tu l'attends le salaud   5
Il prend son temps
Il sait qu'il aura ton argent
Tu ferais n'importe quoi
Pour l'avoir ton petit képa
Tu voudrais la sentir déjà au creux de ton bras   10
La femme de ceux qui n'en ont pas
Tu le vois venir de loin
C'est ton soleil qui revient
Avec sa sale petite gueule d'enculé
C'est sûr que ce mec-là, il va t'arnaquer   15
Mais déjà tu flippes comme un chien
De peur qu'il te dise qu'il n'a rien
Et quand il tend sa merde avec mépris
Tu vas même jusqu'à lui dire merci
Tu cours dans une sanisette   20
Et là pour toi c'est la fête

Et là avec l'eau de la cuvette
Tu prépares ta petite dînette
Et quand enfin tu plantes ton pieu
Dans ton bras devenu noueux   25
Et que le rouge se mêle au blanc
C'est la fin du tourment
Tu la sens maintenant au creux de ton bras
La femme de ceux qui n'en ont pas
Et tu piques du zen dans la rue   30
Et déjà tu te souviens même plus
Qui t'étais avant, du temps où t'avais des couilles
Où t'étais fier, du temps où t'avais même
T'avais même des rêves
Et tu piques du zen dans la rue   35
J'ai comme envie de te botter le cul
Mais j'ai bien trop peur de te casser en deux
Tellement que t'as l'air d'un petit vieux
Emmène-la au creux de ton bras
La femme de ceux qui n'en ont pas   40
Elle est vieille ta femme
Elle est trop vieille pour toi

Paroles et musique : Mano Solo
© YouYou Music / INCA Music, Paris

Vocabulaire :

le creux du bras Armbeuge
2 **un os** [ɔs], **des os** [o] Knochen
3 **transpirer** schwitzen
5 **un salaud** *fam* Dreckskerl
8 **faire n'importe quoi** tout faire
9 **le képa** *fam* le paquet
14 **la gueule** *fam* le visage
14 **un enculé** *fam* Arschloch
15 **un mec** *fam* un homme
15 **arnaquer qn** *fam* jdn übers Ohr hauen
16 **flipper** *fam* avoir peur
18 **le mépris** Verachtung
20 **une sanisette** des toilettes publiques
22 **une cuvette** Klobecken
23 **une dînette** *ici* : Drogenbesteck
24 **planter son pieu** *ici* : sich die Spritze setzen
25 **noueux, -euse** *ici* : vernarbt
26 **se mêler à** sich mischen mit
27 **un tourment** Qual, Pein
30 **piquer du zen** *ici* : verlan piquer du nez (tomber)
32 **avoir des couilles** *fam* avoir du courage
36 **botter le cul à qn** *fam* jdn in den Hintern treten

→ Cda, p. 32

● **Autour de la chanson**

1. a) Recherchez dans le texte tous les mots qui se réfèrent
   – à la personne à qui le chanteur s'adresse,
   – à celui qui apporte la drogue.
   b) Faites en quelques phrases le portrait du toxicomane en mettant en valeur son changement depuis qu'il est dépendant.
2. Expliquez les vers suivants : « *La femme de ceux qui n'en ont pas* » (L. 11), « *Elle est vieille ta femme / Elle est trop vieille pour toi* » (L. 41–42).
3. Comment le chanteur considère-t-il le dealer et sa victime ?

8 Une histoire de bleu au cœur

La jeune Roxanne a fait une fugue après une dispute avec son beau-père et elle ne sait pas où passer la nuit. Dans un café, elle fait la connaissance de David, un jeune homme sympathique qui l'emmène chez lui. Avant de s'endormir sur le canapé, Roxanne voit que David prépare une seringue pour prendre de l'héroïne… Le lendemain matin, elle
5 *se décide à lui parler.*

On s'était assis à la table. J'ai commencé à manger ma biscotte, lui est resté immobile, les yeux dans le vague, ailleurs. J'ai pensé au bonhomme du café des Voyageurs.
– Il va être froid ton chocolat…
Son regard s'est rallumé. Il a porté le bol à ses lèvres. J'ai vu les bleus au creux de
10 ses bras, là où les seringues avaient fait des trous. Je n'ai pas su tenir ma langue.
– J'dormais pas hier quand…
Il m'a coupé :
– Je sais. Je n'aurais pas dû. Pas devant toi…
Il a bu une gorgée.
15 – …mais je n'ai pas pu attendre.
Après un long silence, j'ai demandé :
– Pourquoi tu fais ça, pourquoi tu te…
Le mot n'est pas sorti de ma bouche.
– Pourquoi je me drogue, petite sœur ?
20 Sur ses lèvres, il y a de nouveau eu un sourire triste, un sourire de clown.
– A cause des « pourquoi » justement…
Je ne comprenais pas toujours ce qu'il voulait dire. J'ai murmuré, les yeux baissés sur mon bol :
– Tu devrais pas… C'est pas beau les bleus sur tes bras.
25 Il s'est penché vers moi, pour me poser un baiser sur le front. Il m'a dit :
– Ces bleus-là ne sont rien à côté de ceux que j'ai au cœur.
Et il est passé dans la salle d'eau. Sous la douche il a crié, pour que je l'entende :
– Au fait, qu'est-ce que tu fais là ? Pourquoi tu ne rentres pas chez toi ?
– T'occupe, j'ai répondu. C'est aussi une histoire de bleu au cœur.
30 David, j'aimais bien quand tu m'appelais « petite sœur ».

Thierry Lenain, *Un pacte avec le diable*, Ernst Klett Verlag, Stuttgart 2000 (texte abrégé);
© für die Originalausgabe : Syros / Alternatives, Paris 1996

4 **une seringue** Spritze
6 **une biscotte** Zwieback
6 **immobile** qui ne bouge pas
7 **le vague** *ici* : Leere
7 **ailleurs** woanders
7 **un bonhomme** un type
9 **se rallumer** *ici* : sich wieder aufhellen
9 **la lèvre** Lippe
9 **un bleu** *ici* : blauer Fleck
10 **tenir sa langue** se taire
12 **couper** *ici* : interrompre
14 **une gorgée** Schluck
21 **justement** exactement
22 **murmurer** murmeln
29 **t'occupe** *fam* ne t'occupe pas de ça

● **Autour du texte**
1 a) Qu'est-ce que David veut dire en affirmant qu'il se drogue « *à cause des pourquoi* » (L. 21) ?
   b) Expliquez la phrase : « *Ces bleus-là ne sont rien à côté de ceux que j'ai au cœur* » (L. 26).
2 En quoi les réactions des deux jeunes suite à leurs problèmes individuels se ressemblent-elles ? En quoi sont-elles différentes ?

● **Au-delà du texte**
1 Comment essaieriez-vous d'aider quelqu'un qui souffre de « bleus au cœur » ?
2 A votre avis, peut-on améliorer la situation des toxicomanes en légalisant certaines drogues comme les Pays-Bas l'ont fait avec le cannabis ? Préparez une discussion en classe et essayez de convaincre les autres de votre point de vue.
   (→ *Participer à une discussion, p. 77*).

Informez-vous par exemple sur les sites
http://naveed.free.fr/drogue.htm
http://www.momes.net/forum/drogue.html
http://www.csdm.qc.ca/yves_theriault/Web221/Esther.html
#opinion

9 Si j'avais eu une seconde chance…

● **Approche**
Est-ce que le style de la BD vous plaît ? Quelle atmosphère se dégage de ses premiers dessins ?

des sous *m* Geld, Knete
juste *ici* : gerade, knapp
(avoir) de quoi faire qc die Mittel zu etwas (haben)
une boîte *ici: fam* une discothèque
avoir la pêche *fam* être en forme
un remontant Stärkungsmittel
une pilule Tablette

vachement *fam* très
se faire chier *fam* s'ennuyer
assurer *ici : fam* être en forme
n'avoir qu'une hâte es kaum erwarten können
faire la gueule *fam* ne pas être content

● **Pendant la lecture**
Avant de lire la dernière planche, p. 46, imaginez ce qui se passera « la semaine suivante ».

46 Tentations

Sébastien Detrez / Thierry Dutailly, extrait de : *Du Shit au Zen*, Editions Afro Bulles, Tourcoing 1999

un enterrement Beerdigung

→ Résumer un texte, p. 70

● **Autour du texte**

1. Résumez le contenu de cette BD.
2. En partant des images, décrivez les effets de la drogue sur le protagoniste.
3. Comment le trafiquant est-il représenté ? Comparez-le à celui de la chanson de M. Solo (p. 42).
4. Comment comprenez-vous l'avant-dernière vignette de la BD ?
   « *Dans la vie, t'as jamais de seconde chance* ». Qu'est-ce que ça signifie dans le contexte ? Etes-vous d'accord avec cette affirmation ? Justifiez votre réponse.

Chapitre 5
Délinquance et violence

1 Le petit prince

● **Approche**
1. Aimez-vous les bandes dessinées ? Connaissez-vous des BD françaises ? Lesquelles ?
2. A quel genre d'histoire vous attendez-vous après avoir lu le titre ? Formulez des hypothèses.

un renard Fuchs
bouffer *fam* manger
cru,e ≠ cuit
un pommier → une pomme
apprivoiser zähmen
une réflexion → réfléchir
désintégrer détruire complètement
un lien *ici* : Gemeinsamkeit
une chaîne Kette
décapiter qn couper la tête de qn
napalmiser mit Brandbomben bewerfen

Délinquance et violence

● **Autour du texte**

1. Quelle est votre première réaction après la lecture de cette bande dessinée ?
2. Quelle est l'intention du père ? Décrivez les différentes réactions du père et de Titeuf. Servez-vous du *vocabulaire des émotions*, ci-dessous.
3. Que fait le père dans la dernière vignette ? A votre avis, pourquoi ?
4. Racontez par écrit ce qui se passe dans cette bande dessinée. Indiquez les différentes étapes.
5. Quel est, d'après vous, le but du dessinateur ?

→ Raconter, p. 75/ Cda, p. 36

Vocabulaire des émotions

- être / avoir l'air
  - calme, détendu, satisfait, content, heureux, joyeux, étonné, surpris,
  - mal à l'aise, inquiet, consterné, bouleversé, énervé, fâché, indigné, déçu, découragé, triste, désespéré
- éprouver de la joie / de la colère / de la rage / de l'inquiétude
- ressentir du chagrin / de la peine
- réagir avec violence / indignation

● **Au-delà du texte**

Ecriture

A deux ou en petits groupes, imaginez ce qui peut être à l'origine du comportement de Titeuf et rédigez un petit texte à ce sujet.

Discussion

a) Décrivez le dessin ci-contre. A votre avis, que veut dire le dessinateur ? Etes-vous d'accord avec son point de vue sur l'origine de la violence ?
b) Pensez-vous que la télévision conduit à une augmentation de la violence chez les jeunes ? Discutez en classe. (→ *Participer à une discussion, p. 77*)

Internet

Cherchez des informations sur les bandes dessinées « Titeuf » : Qui en est l'auteur ? Combien y a-t-il de tomes *(Bände)* ? Cela a-t-il du succès en France ? (→ *S'informer sur Internet, p. 78*)

2 La guerre des bandes

● **Approche**

1. a) Dans la liste suivante, choisissez trois expressions que vous associez avec le mot « bande ». Puis expliquez pourquoi vous les avez choisies.
   respect, intimité, identification, protection, responsabilité, solidarité, sécurité, règles, pouvoir, provocation, rivaliser, la loi du plus fort, défense du territoire, intolérance, violence, criminalité, haine.
   b) Donnez votre propre définition du mot « bande ».
   c) Pensez-vous que faire partie d'une bande est quelque chose de positif ou de négatif ?
2. Dites à quels mots anglais, allemands ou latins vous font penser les mots suivants et donnez leur signification : *l'anonymat, disperser, le thorax, qualifié, un événement, hiérarchisé, une logique, un mineur.*

→ Retrouver les sens des mots, p. 65/Cda, p. 37

Délinquance et violence

Violence des jeunes, violences entre jeunes. Les faits se sont déroulés en plein cœur d'un centre commercial, aux portes de Paris. La violence est cette fois sortie de l'anonymat des banlieues pour venir s'afficher dans un lieu public, à une heure de grande affluence. Avec pour témoins des familles, des enfants…

Il est 15 h 30, ce samedi 27 janvier, et le gigantesque centre commercial des « Quatre temps » de la Défense (Hauts-de-Seine) tourne à plein régime lorsque des jeunes âgés de 15 à 25 ans surgissent dans les galeries commerciales. Ils sont là pour régler des comptes entre bandes rivales. Tout simplement !

Pendant deux heures, ces 300 jeunes armés de couteaux et de battes de base-ball (la police a également retrouvé une hache et un marteau !) se sont affrontés avec une violence inouïe. Au mépris de leur vie, bien sûr. Mais au mépris surtout de la sécurité des personnes et des familles venues faire leurs achats. Il aura fallu deux heures à la police pour disperser cette bataille rangée. Bilan : une trentaine d'arrestations et huit jeunes blessés dont l'un, grièvement atteint par un coup de couteau au thorax, a dû être hospitalisé d'urgence.

Qualifiés d'affrontements « *sans précédent* » par certains policiers, ces événements traduisent-ils une montée de la violence entre bandes rivales ? Certes, c'est bien la première fois qu'autant de jeunes se défient dans un quartier comme la Défense. Mais ces règlements de compte entre bandes sont bien connus. « *Là, c'est spectaculaire parce que cela s'est passé sous les yeux de tout le monde. Mais des faits comme ceux-ci, il s'en passe toutes les semaines, dans les banlieues* », commentait André-Michel Ventre, responsable syndical dans la police nationale.

C'est aussi l'avis de Francis Bailleau, chercheur au CNRS, spécialisé dans la délinquance des jeunes. « *Cela n'a rien à voir avec les gangs américains qui sont très organisés et très hiérarchisés*, explique-t-il. *Il s'agit ici de jeunes qui s'affrontent selon des logiques de défense de territoire, et cela n'est pas nouveau* ». En revanche, poursuit le chercheur, « *ce dont nous prenons conscience avec cette violence, c'est que des limites ont été franchies. A force de laisser à l'abandon les banlieues face aux problèmes du chômage et de la perte de valeurs, nous assistons à une délinquance de jeunes pour qui la vie n'a plus de valeur…* »

Olivier Piot,
Michel Heurteaux,
Christophe Vadot,
Les clés de l'actualité,
© Milan Presse, 2001

1 **se dérouler** se passer
3 **s'afficher** *ici :* se montrer clairement
3 **une heure d'affluence** *f* Stoßzeit
4 **un témoin** Zeuge
6 **tourner à plein régime** auf Hochtouren laufen
7 **surgir** apparaître tout à coup
7 **une galerie commerciale** Einkaufspassage
7 **régler des comptes** abrechnen
10 **une batte** Schläger
11 **une hache** Beil
12 **un marteau** Hammer
12 **s'affronter** se battre
13 **inouï,e** extraordinaire
13 **au mépris de qc** unter Missachtung einer Sache
16 **une bataille rangée** Schlägerei
19 **grièvement** gravement
23 **sans précédent** jamais vu
24 **une montée** *ici :* Anstieg
23 **certes** bien sûr
24 **se défier** s'affronter
28 **un responsable syndical** Gewerkschaftsführer
29 **un chercheur** Forscher
29 **le CNRS** Forschungszentrum
29 **la délinquance** la criminalité
32 **en revanche** au contraire
33 **prendre conscience de qc** réaliser qc
33 **franchir** überschreiten
35 **une perte** → perdre
35 **assister à qc** etw. miterleben
36 **une valeur** Wert

tirer *ici :* abfeuern
un coup de feu Schuss
lors de pendant
une altercation une dispute
un,e mineur,e Minderjährige(r)
écrouer mettre en prison
ainsi que et (aussi)
CRS *etwa* Bereitschaftspolizei

Nicolas Sarkozy à Evry
Le ministre de l'Intérieur se rendra ce matin au centre commercial d'Evry, où des coups de feu ont été tirés samedi lors d'une altercation entre deux bandes de jeunes gens, dont six mineurs ont été arrêtés. L'un d'eux a été écroué hier. Le ministre rencontrera les commerçants du centre Agora ainsi que les policiers intervenus au moment des faits. *« Moi, je voudrais que Sarkozy vienne passer une journée avec moi en plein centre de la galerie, mais comme nous : tout seul sans CRS ; là, il comprendrait peut-être »*, avait dit une employée du centre commercial.

La Provence, 14 janvier 2003

● **Autour des textes**

1   Relevez les informations principales du texte en vous aidant des conseils donnés à la p. 70.
2   Les faits sont-ils présentés de façon objective ou l'article comporte-t-il des éléments subjectifs ? Donnez des exemples.
3   D'après André-Michel Ventre et Francis Bailleau, comment s'expliquent les affrontements entre bandes ? Vous-même, que pensez-vous de ces explications ?
4   a) Pourquoi Nicolas Sarkozy est-il venu à Evry ? Quel rapport y a-t-il avec les événements de la Défense ?
     b) Dans quelle mesure la visite du ministre peut-elle résoudre (ou non) les problèmes de violence ?

● **Au-delà des textes**

Discussion

Avec laquelle des deux opinions suivantes sur la guerre des bandes êtes-vous d'accord ? Expliquez pourquoi.
a) *« Ce n'est pas la police qui peut prévenir ce genre d'actions. C'est la société dans son ensemble. »* (Daniel Vaillant, ancien ministre de l'Intérieur)
b) *« Il s'agit de hordes sauvages […] Il faut que la justice se montre plus sévère, qu'on retrouve les initiateurs et les organisateurs […]. Un jour ou l'autre, cela finira mal. Là, il y a eu un blessé sérieux mais un jour il y aura des morts. »* (Charles Pasqua, ancien ministre de l'Intérieur)

A votre avis, qu'est-ce que la société pourrait faire pour empêcher des événements comme celui de la Défense ? Faites des propositions.

→ Participer à une discussion, p. 77

Internet
En groupe, faites des recherches sur les « lois Sarkozy » : Quel est leur contenu ? Comment ont-elles été accueillies par la population ?

→ S'informer sur Internet, p. 78

3 Tu casses, tu répares !

● **Approche**

1 Comment comprenez-vous le titre ? A qui s'adresse-t-il ?
2 Aujourd'hui, beaucoup de délits sont commis par des jeunes.
   a) D'après vous, de quel genre de délits s'agit-il souvent ? Donnez des exemples.
   b) Savez-vous comment ces délits sont sanctionnés ?
3 A quels mots anglais ou allemands vous font penser les mots suivants ? Donnez leur signification : *un tribunal, une victime, réaliser, patrouiller, un agresseur, un commissariat, être confronté à, un geste, arrêter, un déodorant, s'engager, l'insécurité.*

→ Retrouver le sens des mots, p. 65/Cda, p. 37-38

Juin 2001 – Tribunal de Créteil

Ils sont deux à attendre devant le bureau du juge. Deux garçons accompagnés de leur mère. Tous deux ont un peu peur de cette drôle de rencontre. Car l'un est la victime, Julien, 16 ans, l'autre l'agresseur, Magyd, 17 ans. « *C'est lorsque je l'ai vu au tribunal*
5 *que j'ai réalisé ce que j'avais fait,* raconte Magyd en sortant. *J'ai eu peur en me disant que j'allais payer pour ça. Avant je n'y avais jamais pensé.* »

Mars 2001 – Banlieue parisienne, flash-back

A coups de poing, Magyd agresse Julien. Banal racket. Il lui prend sa paire de baskets et son argent. Surprise : Julien porte plainte et, aidé de ses parents, patrouille régu-
10 lièrement dans le quartier pour essayer de retrouver son agresseur. Un jour, enfin, Julien reconnaît Magyd. Sa mère arrête une voiture de police. Contrôle d'identité et embarquement immédiat pour le commissariat. Magyd n'en est pas à sa première arrestation. Il reconnaît les faits aussitôt mais sans le moindre remords. Ce n'est que quatre mois plus tard, quand il est confronté à sa victime, que Magyd semble prendre
15 la mesure de ses actes.

Dans ce face-à-face entre un juge, deux jeunes et deux mères, ce sont les paroles de la mère de Julien qui touchent Magyd. « *J'ai été étonné, sa mère, elle est bien, pas agressive. Elle a expliqué que c'est pas l'argent qui l'intéressait. Elle voulait que je comprenne le mal que j'avais fait et que je m'excuse. C'est pas tout le monde qui aurait dit ça.* »
20 Julien donne son accord pour une mesure de réparation sous la forme de cadeaux et d'une lettre d'excuses. « *Un cadeau, c'est un geste. Je voulais surtout qu'on l'arrête et qu'il soit puni. J'ai eu l'impression que j'avais obtenu justice* », raconte-t-il. L'accusé est soulagé. « *Quand on ne fait pas bien,* commente Magyd, *on doit payer, et là, je pouvais réparer l'histoire.* »

25 Juillet 2001 – Excuses et cadeaux

Au nom de Magyd, un éducateur a apporté cadeaux et lettre chez Julien. Un gâteau, un réveil, un baladeur, un déodorant et des excuses écrites, ainsi rédigées :
« *Cher Julien,*
Je ne sais toujours pas pourquoi je t'ai agressé, je te présente des excuses et je te remer-
30 *cie de ne pas essayer de m'enfoncer. Je te suis très reconnaissant de ton geste. Je m'engage à ne plus faire de chose pareille. Je te remercie de tout mon cœur. Magyd* »

---

2 **un juge** Richter
8 **un poing** Faust
8 **le racket** Erpressung
9 **porter plainte** Anzeige erstatten
12 **un embarquement** *ici : fam* Abtransport
13 **une arrestation** Festnahme
13 **le moindre** le plus petit
13 **un remords** Gewissensbiss
14 **prendre la mesure de qc** sich der Bedeutung einer Sache bewusst werden
23 **soulagé, e** erleichtert
27 **un réveil** Wecker
30 **enfoncer** *ici : fam* niedermachen
30 **reconnaissant, e** dankbar

Délinquance et violence

35 **une connerie** *fam* une bêtise
37 **ça craint** *fam* c'est dangereux

Mars 2002 – Justice… et appréhension

« *Cette lettre ne m'a fait ni chaud ni froid*, se souvient Julien. *J'ai déjà revu Magyd sans qu'il me voie, je ne pense pas qu'il arrêtera de faire des conneries.* » Justice est faite, et une chance a été donnée à Magyd. Mais Julien vit avec la peur. Il change de vêtements selon les quartiers, porte du « sans marque » quand ça craint. « *A chaque fois qu'il sort, c'est là, couic* », fait sa mère en serrant son poing sur son ventre. Le sentiment d'insécurité le prend au ventre. Côté agresseur, c'est le calme plat. « *Je me balade, je vais voir mes grands-parents, je ne fais rien.* » Et plus d'affaires sur le dos. Plus d'un an après les faits, « *jusqu'ici tout va bien…* »

Anne Ricou, © *Phosphore*, Bayard Jeunesse, 2002
(texte abrégé et légèrement adapté)

● **Autour du texte**

1. Quel sens les mots suivants prennent-ils dans leur contexte : cette lettre ne m'a fait *ni chaud ni froid* (L. 34). Et plus d'affaires *sur le dos* (L. 40).
2. Quel délit a commis Magyd et comment a-t-il été arrêté ?
3. Comment l'affaire a-t-elle été réglée ? Et que pensent les deux jeunes de ces mesures ?
4. N'est-il pas un peu « facile » de faire des cadeaux et d'écrire une lettre ? Pensez-vous qu'une telle « punition » soit efficace à long terme ?
5. Lisez le texte « La loi n'est pas là pour les emmerder » et expliquez les mots et expressions suivants à partir du contexte ou en vous rappelant un mot anglais ou allemand : *un récidiviste, les transgressions, un délit, la sanction glisse sur eux, éducatif, une capacité, un arbitre.*
6. Relevez les arguments que présente Alain Girardet. Quel rapport y a-t-il avec le texte précédent ? Comparez les points de vue d'Alain Girardet et de Julien sur la mesure de réparation.

→ Retrouver le sens des mots, p. 65/Cda, p. 37-38

emmerder *fam* schikanieren, nerven
un gamin *fam* un garçon
une infraction Verstoß, Übertretung
efficace effizient
une escalade *ici :* Eskalation
gâcher verderben
un éducateur Erzieher

La loi n'est pas là pour les emmerder

« Il faudrait trouver de meilleures réponses à la première délinquance. Lorsque le gamin est pris lors de sa première infraction, la sanction est efficace. Tous les récidivistes ont commencé par des petites transgressions, qui n'ont reçu aucune réponse. Comme si « la première fois, c'est pas grave, le plus grave, c'est de recommencer. » C'est alors que commence l'escalade. Si on sanctionne dès le premier délit, la mesure de réparation est efficace. Mais les récidivistes connaissent le système et la sanction glisse sur eux. Il est important que, dès le début, les délinquants soient confrontés aux victimes. C'est fondamentalement éducatif, la capacité de se mettre à la place de l'autre. Les jeunes doivent comprendre que la loi est là pour vivre ensemble. Au foot, si l'on ne respecte pas les règles et l'arbitre, cela gâche tout le jeu. »

Alain Girardet, éducateur spécialisé et prêtre,
cité dans *Phosphore*, juin 2002

● **Au-delà des textes**

→ Caractériser un personnage, p. 73

1. A partir du premier texte, faites le portrait de Julien *ou* de Magyd : imaginez à quoi ils peuvent ressembler, quel caractère ils ont, etc.
2. En groupe, mettez en scène la rencontre de Magyd, de Julien, du juge, de l'éducateur et de la mère de Julien dans le bureau du juge. Imaginez les dialogues et les consignes *(Anweisungen)* de mise en scène, puis jouez cette rencontre en classe.

4   Halte au racket !

● **Approche**

Connaissez-vous des personnes qui ont été victimes du racket ? Racontez.

Le racket psychologique prend le pas sur le racket physique. C'est le constat dressé par de nombreux principaux de collège ces dernières années. Désormais les rackettés donnent de l'argent ou des cadeaux afin de conserver, voire de s'attirer la sympathie de
5 certains de leurs camarades. « *Tu me prêtes 100 F, ta trousse, ton walkman… ou tu n'as plus de copains* », en quelque sorte.

Une pression psychologique plus subtile, plus difficile à prouver. « *Nous sommes souvent impuissants par rapport à cela, car l'auteur prétend que l'argent ou l'objet lui a été remis volontaire-*
10 *ment, et qu'ainsi il n'y a pas d'acte délictueux* », explique Montserrat Alava, principal du collège la Cépière à Toulouse (un établissement classé en ZEP). La chef d'établissement raconte le cas d'une élève de 5ᵉ qui à la demande de ses camarades donnait tout ce qu'elle avait, et volait même ses parents, afin de s'intégrer dans la classe. « *Cette jeune fille était très fragile et donc tenue à l'écart, elle a*
15 *perdu sa mère et son père la bat. Répondre aux besoins de ses copains était pour elle un moyen d'obtenir l'affection qu'elle n'avait plus chez elle* », renchérit Montserrat Alava.

Cette logique mafieuse semble désormais hanter la plupart des collèges de France, selon le ministère de l'Éducation nationale. Que faire ?

Etre vigilant. « *Toute l'équipe pédagogique : les professeurs, les délégués de classe,*
20 *les surveillants… est attentive à tout changement de comportement d'un élève* », assure Jean-Jacques Hoffmann, principal au collège Bellevue, un collège situé dans un quartier résidentiel de Toulouse.

En effet, selon la gendarmerie, un jeune qui connaît ce type de pression se renferme, souvent il culpabilise car il vole ses parents pour payer… Ce mal-être s'exprime par des
25 aigreurs d'estomac, la peur de se rendre à l'école, l'isolement vis-à-vis des copains…

Un sentiment de culpabilité qui, jumelé avec la loi du silence, pousse rarement les jeunes à dénoncer ce type de pressions. « *Dans ce cas, c'est à la famille d'intervenir et de porter plainte, mais parfois celle-ci est absente et, s'il est impossible de prouver que des pressions ont été exercées au sein de l'établissement, on ne peut rien faire* », regrette,
30 dépité, un principal de l'académie de Toulouse.

Carine Cepi, *Les clés de l'actualité*,
© Milan Presse, 2001

2 **dresser un constat** *ici* : feststellen
3 **désormais** à partir de maintenant
4 **voire** et même
7 **une pression** Druck
8 **impuissant,e** machtlos
10 **délictueux, -euse** → un délit
12 **une ZEP** (*Zone d'Education Prioritaire*) Schule an einem sozialen Brennpunkt
14 **à l'écart** isolé
16 **renchérir** *ici* : ajouter
17 **mafieux, -euse** → la mafia
17 **hanter** *ici* : verfolgen
19 **vigilant,e** attentif
19 **un,e délégué,e de classe** Klassensprecher(in)
23 **en effet** nämlich
24 **culpabiliser** sich schuldig fühlen
25 **des aigreurs** *f* **d'estomac** *m* Sodbrennen
27 **dénoncer** anzeigen
30 **dépité,e** bitter enttäuscht

● **Autour du texte**
1 Faites une liste de tous les mots qui vous rappellent un mot anglais ou allemand et donnez leur signification.
2 Quel sens les mots suivants prennent-ils dans leur contexte : *la demande* (L. 12) ; *se renferme* (L. 23) ; *jumelé* (L. 26) ?
3 D'après le texte,
   a) quels élèves sont victimes d'un chantage affectif ? Décrivez leur comportement.
   b) pourquoi est-il difficile d'aider les victimes du chantage affectif ?
4 A votre avis, quels risques prend la victime en dénonçant ses racketteurs ?

Au-delà du texte

1. a) Commentez et interprétez les statistiques ci-dessous. Servez-vous du vocabulaire *Pour parler d'une enquête / pour commenter un sondage* et *Pour comparer des résultats*, p. 24.
   b) A votre avis, pourquoi les cas de racket à l'école sont-ils en augmentation ? Formulez des hypothèses.

Ont fait du racket au cours des 12 derniers mois			Ont été victimes d'une agression physique	
	une fois	plusieurs fois		
14 – 15 ans :	12,2%	9,6%	14 – 15 ans :	40,7%
16 – 17 ans :	10,0%	14,1%	16 – 17 ans :	45,3%
18 ans et + :	6,7%	6,2%	18 ans et + :	45,1%

Ministère de la justice,
www.justice.gouv.fr/actua/annex9.htm (18/10/2002)

→ Décrire une image, p. 74

2. Décrivez le dessin en haut de la p. 53 et expliquez en quoi consiste le « chantage affectif ».
3. Décrivez le poster ci-dessous et expliquez son but.
4. Etes-vous d'accord ou non avec l'affirmation suivante ? « *Les racketteurs sont des gens à problèmes : il faut les aider au lieu de les condamner.* »

Créativité

En tandems ou en groupes, réalisez des posters sur le thème « Que faire face au racket ? ». Faites une liste de comportements que vous conseilleriez à des jeunes qui se trouvent face à des racketteurs.

5 Stop la violence !

● **Approche**
1 Dites ce que vous comprenez par les mots « manifeste » et « manifester ».
2 Avez-vous déjà manifesté d'une manière ou d'une autre ? Expliquez pourquoi et comment.

Après la mort d'un jeune de 20 ans, tué en janvier 1999 parce qu'il voulait empêcher deux bandes rivales de se battre, des jeunes de Paris et de sa banlieue ont rédigé le manifeste Stop la violence !, *qui a été diffusé à l'époque par toute la presse nationale et dont ont été tirés les paragraphes ci-dessous.*

Le manifeste

Ça peut plus durer comme ça

« Nous, on dit : ça suffit comme ça, il y a des crapules dans les quartiers, comme partout. Trop de violence. Agressions, bagarres, armes à feu, viols… Les victimes, c'est toujours nous, mais quand les télés en parlent, c'est pour nous traiter en coupables. On ne nous écoute plus, on nous condamne. On veut pouvoir vivre en paix. Circuler sans avoir peur. Le droit d'étudier sans crainte. On n'a rien de tout ça. La première des injustices, c'est ça. »

Respect ? On se parle sur un autre ton.

« L'agression, ça peut commencer par un regard. Mais c'est surtout les mots. Certains s'amusent à provoquer, et utilisent des mots qui poussent à la guerre. C'est vrai, tout le monde peut péter les plombs. Ça arrive. Mais ce langage de défi ! Cette manie d'afficher sa force sur l'autre, en permanence, ça chauffe les esprits. Il faut se parler normalement, garder le contrôle. Certains disent : faut être respecté. Nous, on dit : „Si tu veux le respect, commence par respecter les autres." »

Pas besoin de sa bande pour se parler

« C'est quoi, cette manie d'aller toujours chercher sa bande dès qu'il y a un malaise ? Règle numéro 1 : si t'as un problème, tu viens me le dire. Dès qu'on se parle franchement, on commence à se connaître. Tout peut se résoudre en se parlant. Mais, avec une bande, pas de dialogue possible. C'est le plus chaud qui gagne. Résultat : la guerre. Pour rien. »

Pas de pouvoir aux crapules

« On est tous protégés par les copains du quartier. Ça fait du bien de les savoir là. C'est comme une deuxième famille : dans nos quartiers, c'est la solidarité avant tout. Certains ont transformé leurs bandes en clans. Ils excluent les autres. Ils se prennent pour des guerriers. Ils savent qu'ils font le mal, et ils aiment ça. A la fin, ils font régner la terreur pour monter leur bizness. Les crapules prennent alors le pouvoir. Sur notre dos. Les crapules, c'est la mort des quartiers. »

Il faut savoir contre quoi on se révolte

« Pas les uns contre les autres. Il faut s'organiser, en association, en réseau, en comité de quartier. On a le droit de se regrouper, de se mobiliser contre toute forme d'abus de pouvoir. On a raison de revendiquer. Etre rebelle, c'est important, quand on est jeune. Etre révolté, c'est être lucide sur le monde injuste dans lequel on vit. Mais, pour avoir une chance de gagner, il faut s'en prendre aux responsables, pas à nous ! La violence dans les quartiers, c'est l'injustice pour tout le monde. »

http://www.momes.net/Journal/actualites/stoplaviolence.html

3 **une crapule** Halunke
4 **une bagarre** *fam* Schlägerei
5 **un viol** Vergewaltigung
7 **traiter en** behandeln als
17 **péter les plombs** *m fam* durchdrehen
18 **un défi** *ici :* une provocation
19 **ça chauffe les esprits** das erhitzt die Gemüter
25 **une manie** *ici :* une mauvaise habitude
26 **un malaise** *ici :* un problème
30 **résoudre qc** trouver une solution à qc
31 **chaud,e** *fam, ici :* agressif
39 **exclure** ausschließen
41 **régner** herrschen
42 **un bizness** *fam, ici :* un trafic
45 **se révolter** se rebeller
47 **un réseau** *ici :* une organisation
49 **un abus** Missbrauch
50 **revendiquer** réclamer
52 **lucide** *ici :* réaliste
54 **s'en prendre à qn** rendre qn responsable

Autour du texte

1. Expliquez votre première réaction et vos attentes après la lecture des slogans en caractères gras *(Fettdruck)*.
2. Relisez chaque paragraphe et formulez l'idée principale avec vos propres mots.
3. Relevez dans le texte écrit les éléments qui font partie de la langue parlée. A votre avis, pourquoi les auteurs ont-ils utilisé ce style ?

Langue parlée et langue écrite

Comme beaucoup d'autres langues, le français n'est pas homogène, il s'adapte en fonction du milieu régional, social et culturel de ceux qui s'en servent et des situations de communication.

La langue écrite est en général plus soutenue, plus « correcte » que la langue parlée, qui est plus spontanée et plus relâchée *(locker)*. Cette dernière se caractérise par des phrases plus courtes, une syntaxe moins complexe, mais aussi par des ellipses (des phrases incomplètes), des formes contractées *(t'as)*, des phrases segmentées *(Toi, tu dis que...)*, des questions par intonation ou avec le mot interrogatif à la fin *(Tu t'en vas ? / Tu fais quoi ?)* et beaucoup de mots et d'expressions du langage familier.

Au-delà du texte

Commentaire

a) Commentez ce qu'a dit un des auteurs du manifeste dans une interview : « *Un gars violent 24 heures sur 24, ça n'existe pas. Avant la violence, il a connu la violence et la haine.* »

b) Le manifeste *Stop la violence !* a tout d'abord eu un grand succès médiatique. Cependant, la grande manifestation organisée deux mois plus tard par les jeunes du mouvement a réuni assez peu de participants et est considérée comme un échec. Que faut-il penser d'un tel changement de situation ?

→ **Décrire une image, p. 74**

c) Décrivez et commentez le dessin ci-contre.

Internet

Visitez le site www.stoplaviolence.org.

a) Retrouvez et lisez le texte complet du manifeste. Résumez en deux phrases les paragraphes qui n'apparaissent pas dans le texte ci-dessus.

→ **S'informer sur Internet, p. 78**

b) Quelles autres informations trouvez-vous sur ce site ?

Créativité

Préparez des affiches contre la violence ou pour plus de respect. Intégrez les éléments suivants :

a) une illustration,
b) un slogan court et qui attire l'attention,
c) un texte explicatif d'environ cinq phrases comportant un appel direct.

Chapitre 6
Engagement

1 Pour une société plus ouverte

● **Approche**

Est-ce que vous vous considérez comme « engagé » ? Si oui, parlez de ce qui vous motive.
Si non, dites pourquoi vous ne pouvez ou voulez pas vous engager ?

Hafid Ammouche, président de l'association Talents d'or, qui a réalisé un film sur la montée du FN, a été interviewé au sujet de l'engagement des jeunes.

Les jeunes s'engagent-ils facilement dans la défense d'une cause ?
Aujourd'hui, les jeunes manquent plutôt d'esprit critique, d'initiative, et ont du mal à s'engager. Ils sont bien souvent comme endormis. Alors que s'engager, c'est agir pour faire valoir ses idées. Il est très important de s'exprimer. Nous sommes malheu-
5 reusement dans une société de surconsommation où le loisir consommable prend beaucoup trop de place par rapport aux relations humaines. Et empêche de réfléchir aux valeurs essentielles.

L'école nous apprend-elle à être de bons citoyens ?
Pas assez, malheureusement. L'école française est en retard sur la question de la
10 citoyenneté et je n'ai pas l'impression qu'elle cherche réellement à développer l'esprit critique. Il faudrait aussi favoriser la diversité et le mélange culturels dans les établissements. Faire des collèges ouverts où se côtoieraient associations en tout genre, animations mais aussi services municipaux, infirmières, assistantes sociales, etc. Tout un foisonnement nécessaire à l'ouverture d'esprit.
15 *Comment grandir dans une société plus ouverte ?*
Arrêter de croire que la vie, c'est de l'argent. La vie ne se résume pas aux Nike ou aux Big Mac. Regarder autour de soi. Il y a tant de choses à faire et tant de gens à aimer.

Ligue française de l'enseignement et de l'éducation permanente,
Agir contre le racisme, mars 2003 (texte abrégé)

1 **une cause** *ici* : Sache
4 **faire valoir qc** etw. geltend machen
5 **la surconsommation** übermäßiger Konsum
5 **le loisir** Freizeit
8 **un citoyen** Staatsbürger
9 **être en retard sur qc** einer Sache hinterherhinken
11 **un établissement** *ici* : une école
12 **se côtoyer** nebeneinander bestehen (→ un côté)
12 **une animation** *ici* : une activité
13 **une assistante sociale** Sozialarbeiterin
14 **un foisonnement** un grand nombre

le milieu associatif *ici :* Hilfsorganisationen
désabusé,e déçu
la langue de bois politische Phrasendrescherei
la dégradation *ici :* la destruction
la mondialisation Globalisierung
un investissement *ici :* un engagement
louable lobenswert
ponctuel,le *ici :* d'une courte durée
effrayer qn faire peur à qn

« **Un engagement dans le milieu associatif** »

Les jeunes ne se désintéressent pas de la politique, ils ont envie de s'engager mais ne le font pas. Pourquoi ? Comme de nombreux adultes, ils sont désabusés par les partis politiques et accusent leurs leaders de pratiquer la langue de bois.
Les adolescents se sentent concernés par l'humanitaire, la lutte contre les discriminations, la dégradation de l'environnement, et sont attirés par les actions militantes contre la mondialisation inégalitaire. Cet investissement actif, bien que louable, est ponctuel. L'engagement sur le long terme effraie la majorité, qui pense que nous vivons dans un monde instable dans lequel il est difficile de construire des projets durables.

Jacqueline Costa-Lascoux,
présidente de la Ligue de l'enseignement,
dans *Agir contre le racisme*, mars 2003

● **Autour des textes**

1 Comment Hafid Ammouche et Jaqueline Costa-Lascoux voient-ils les jeunes ?
2 Selon Hafid Ammouche, en quoi la société actuelle est-elle responsable de l'inactivité des jeunes ?
3 a) Quel rôle Hafid Ammouche attribue-t-il à l'école ?
   b) Qu'est-ce qu'il entend par « ouverture d'esprit » (L. 14) ?
4 Comparez l'attitude des jeunes vue par le dessinateur (ci-dessus) à celle que décrit Jacqueline Costa-Lascoux. Que constatez-vous ?

● **Au-delà des textes**

« *Je m'appelle Delphine et j'ai 19 ans. J'entends parler autour de moi de choses horribles qui se passent partout dans le monde. Je ne sais pas si tout ce que j'entends est vrai mais si c'est la vérité, j'aimerais pouvoir faire quelque chose.* » (*Les clés de l'actualité*, 30 mai 2001)
A votre avis, à quelles « choses horribles » Delphine peut-elle penser ? Que feriez-vous à sa place ?

Discussion

En groupe ou à deux, discutez l'une des affirmations suivantes :
a) « La vie ne se résume pas aux Nike ou aux Big Mac. » (p. 57, L. 16–17)
b) « Nous vivons dans un monde instable dans lequel il est difficile de construire des projets durables. » *(Voir ci-dessus le texte de Jacqueline Costa-Lascoux)*
c) L'école en Allemagne prépare bien ses élèves à la « citoyenneté ».

→ Participer à une discussion, p. 77

2 Si j'étais Président…

● **Approche**
1. Vous intéressez-vous à la politique ? Pourquoi (pas) ?
2. Parmi les hommes politiques que vous connaissez, lequel préférez-vous et pourquoi ?
3. Expliquez les mots suivants à partir d'un autre mot de la même famille ou d'une autre langue : *l'ennui, légaliser, couramment, la gratuité, une victime, l'origine, la parité, renforcer, en faveur de, approprié.*

→ Retrouver le sens des mots, p. 65

Ils ou elles ont entre 15 et 17 ans et se sont volontiers mis dans la peau d'un Président. Sept d'entre eux mentionnent les trois mesures qu'ils considèrent comme prioritaires.

– Une femme présidente de la République serait une grande avancée pour la France. Il faut qu'il y ait autant de femmes que d'hommes aux postes importants et qu'elles soient aussi bien payées que les hommes.
– Eloigner les pôles chimiques des villes afin d'éviter les accidents comme AZF (Tou-
5 louse).
– Lutter contre les discriminations raciales, notamment à l'entrée des boîtes de nuit car c'est source de rébellion et donc de violence.   *(Alice, 15 ans, seconde)*

– Permettre aux jeunes de participer à des manifestations au collège. Aujourd'hui, cela n'est possible qu'au lycée.
10 – Abaisser à 16 ans l'âge pour entrer dans les boîtes de nuit, mais interdire la consommation d'alcool aux moins de 18 ans.
– Supprimer les 35 heures car les gens doivent travailler pour relancer l'économie du pays.   *(Henri, 15 ans, seconde)*

– Punir les propos racistes afin d'endiguer ce fléau, et apprendre aux gens le respect
15 des autres et de leurs différences (religions, couleurs…).
– Lutter contre le travail des enfants dans le monde et faciliter l'accès à l'éducation pour les jeunes du monde entier.
– Développer les divertissements pour les adolescents afin d'éviter l'ennui et faciliter les échanges entre les communautés.   *(Emilie, 15 ans, troisième)*

20 – Légaliser la consommation des drogues douces.
– Faciliter les échanges européens en obligeant les lycéens à effectuer une année d'études dans un établissement étranger afin d'apprendre à parler couramment une langue étrangère. En France, l'enseignement des langues est insuffisant.
– Instaurer la gratuité des transports en commun pour les jeunes dans leur ville. Ces
25 derniers auraient moins de deux-roues, et il y aurait moins de victimes d'accidents de la route.   *(Ludovic, 17 ans, première)*

– Donner un toit à tous les sans-abri.
– Pas d'école le mercredi afin de faire du sport, développer les loisirs ou s'investir dans des associations.
30 – Lutter contre le racisme en créant un cours de tolérance à l'école qui apprenne les origines du racisme, ses causes et détruise ses fondements. Pour que les jeunes ne puissent plus être racistes, ou en souffrir.   *(Emilia, 15 ans, quatrième)*

1 **une avancée** *ici* : un progrès
4 **un pôle** *ici* : un grand centre
4 **afin de** + *inf* pour
4 **AZF** nom d'une usine chimique de Toulouse
6 **notamment** surtout
6 **une boîte de nuit** une discothèque
10 **abaisser** senken
12 **supprimer** faire disparaître
12 **relancer** ankurbeln
14 **les propos** *m* les paroles
14 **endiguer** eindämmen
14 **un fléau** Plage
16 **un accès** Zugang
18 **un divertissement** *ici* : Freizeitgestaltung
24 **instaurer** établir
25 **un deux-roues** Zweirad
27 **un,e sans-abri** Obdachlose(r)
28 **s'investir** s'engager
31 **les fondements** *m* Grundlagen, Fundament

34 **un caïd** un chef de bande
37 **renforcer** verstärken (→ la force)
37 **les effectifs** *m* Personalbestand
38 **maritime** → la mer
39 **un pétrolier** Öltanker
39 **dégazer** Ölrückstände ablassen
40 **un revenu** Einkommen
41 **décent,e** *ici* : anständig
44 **légiférer** faire des lois

— Créer une police spéciale pour intervenir dans les cités. Mieux armée et formée pour agir avec force face aux caïds afin qu'il n'y ait plus de zone de non-droit.
— Interdire la consommation d'alcool aux moins de 18 ans. Aujourd'hui, trop de jeunes boivent, et cela de plus en plus tôt, dès la 6e.
— Protéger l'environnement en contrôlant les usines à risques et renforcer les effectifs de la police maritime afin de surveiller les bateaux, notamment les pétroliers, afin qu'ils soient mieux entretenus et dégazent moins en mer. *(Olivier, 17 ans, terminale)*
— Créer un revenu de l'égalité pour permettre aux personnes en difficulté de vivre décemment.
— Construire dans chaque quartier chaud des commissariats de police afin de lutter contre l'insécurité, et en plus cela créerait de nouveaux emplois.
— Légiférer pour que le salaire des femmes soit égal à celui des hommes. Ma devise serait « solidarité, parité et sécurité ». *(Yasmina, 15 ans, troisième)*

Les clés de l'actualité, © Milan Presse, 2002 (textes abrégés)

Durant ces deux dernières années, vous est-il déjà arrivé de faire l'une des choses suivantes en faveur d'une cause ou d'une personne ?	OUI %	NON %
Envoyer une lettre de protestation ou signer une pétition	21	79
Donner de l'argent à une association	23	77
Participer à une manifestation	23	77
Créer ou rejoindre une association	7	93
Ecrire dans un journal (collège ou lycée)	10	90
Parmi les formes d'actions suivantes, laquelle vous paraît la plus appropriée pour permettre des changements positifs dans la société ?		
Utiliser son droit de vote		40 %
Participer à des manifestations		28 %
Militer dans une ou des associations		16 %
Militer dans un parti politique		6 %
Ne se prononce pas		13 %

Les clés de actualité, © Milan Presse, 2001

rejoindre *ici* : devenir membre de
le droit de vote *m* Wahlrecht
militer *ici* : être actif, s'engager

● **Autour des textes**

1 a) Parmi les propositions des jeunes, dites quelles sont les cinq qui vous semblent les plus importantes. Justifiez votre opinion.
   b) Lesquelles des propositions trouvez-vous difficiles à réaliser ? Dites pourquoi et discutez en classe.
   c) Dans quels domaines les filles et les garçons sont-ils du même avis ? Dans quels domaines y a-t il des différences ? Qu'en pensez-vous ?

2 Comment interprétez-vous les résultats du sondage ?
   a) A partir de la première question posée dans le sondage, quelle conclusion tirez-vous sur l'engagement des jeunes ? (→ *Pour parler d'une enquête / pour commenter un sondage, p. 24*)
   b) Lesquelles des actions proposées dans la deuxième question trouvez-vous particulièrement appropriées pour apporter un changement dans la société ? Ajoutez-en d'autres.

● **Au-delà des textes**

Discussion

Organisez une discussion en classe autour de l'une des deux citations suivantes :
a) « *Il faut qu'il y ait autant de femmes que d'hommes aux postes importants.* » (p. 59, L. 2)
b) Il faut « *lutter contre le racisme en créant un cours de tolérance à l'école qui apprenne les origines du racisme, ses causes et détruise ses fondements.* » (p. 59, L. 30–31)

→ Participer à une discussion, p. 77

3 Envie d'agir ?

● **Approche**

Décrivez le dessin ci-contre. Vous êtes-vous déjà trouvé(e) dans une situation semblable ? Racontez. (→ *Décrire une image, p. 74*)

Vous avez entre onze et vingt-huit ans et vous êtes animé par un vrai désir de vous investir dans la vie de la cité et de vous engager dans des actions utiles aux autres et
5 valorisantes pour vous.

Mais l'expérience montre que votre démarche est souvent freinée par le manque d'informations concrètes, de conseils pratiques et d'expérience. Vous doutez de votre
10 capacité à vous engager efficacement, vous avez du mal à formuler vos projets, et quand vous passez aux actes, vous vous heurtez souvent à des fins de non-recevoir de la part des associations classiques.

C'est afin de remédier à cette situation que j'ai décidé d'organiser un rendez-vous
15 de l'engagement qui concerne tout spécialement les jeunes de 11 à 28 ans. Baptisée « Envie d'agir ? », cette opération a pour but de vous aider à réaliser vos aspirations et à concrétiser vos projets, et par delà, à donner un sens à votre vie. En vous proposant toute une série d'outils, notamment un site, un guide, des journées, des concours… En vous donnant les moyens de vous investir dans six domaines : la citoyenneté, la solida-
20 rité et l'humanitaire, l'environnement, la culture et les sciences, l'économie, le sport.

Le site de l'engagement est l'élément clé du dispositif. Il offre un large éventail d'activités et de projets prêts à vous accueillir, et propose des conseils, des aides, des adresses, des partenaires afin de finaliser vos propres projets.

Les dix mille projets d'engagement présentés sont autant d'invitations à l'initiative,
25 autant d'idées d'engagement à méditer, à reproduire ou à prolonger.

Aujourd'hui comme hier, l'engagement reste un vecteur majeur de l'estime de soi comme de la reconnaissance des autres sans lesquelles il est difficile, voire impossible, de s'insérer de manière féconde dans l'espace public.

Luc Ferry, Ministre de la jeunesse, de l'éducation nationale et de la recherche, cité dans http://www.enviedagir.fr

2 **être animé,e par** ergriffen sein von
5 **valorisant,e** aufwertend
7 **freiner** bremsen
9 **douter de qc** an etw. zweifeln
10 **efficace** wirksam
12 **se heurter à qc** auf etw. stoßen
13 **une fin de non-recevoir** abschlägiger Bescheid
14 **remédier à** apporter une solution à
15 **baptiser** taufen
16 **une aspiration** *ici :* un désir, un projet
17 **par delà** au-delà
18 **un outil** Werkzeug
18 **un site** Web-Seite
21 **un dispositif** *ici :* un ensemble de mesures
21 **un éventail** *ici :* un choix
25 **prolonger** continuer
26 **un vecteur** *ici :* Träger
26 **l'estime de soi** *f* Selbstachtung
27 **la reconnaissance** *ici :* Anerkennung
27 **voire** et même
28 **s'insérer dans** trouver sa place dans
28 **fécond,e** *ici :* productif

Autour du texte

1. Voyez-vous un rapport entre le dessin et le texte ? En quoi le texte apporte-t-il une réponse aux questions que se pose la fille du dessin ?
2. Qu'est-ce que Luc Ferry a fait, concrètement, pour aider les jeunes à s'engager ?
3. Illustrez chacun des six domaines mentionnés par plusieurs exemples concrets.

Au-delà du texte

Ecriture
Rédigez une lettre à une association humanitaire dans laquelle vous expliquez votre désir de vous engager, à quoi vous vous intéressez et pourquoi vous pensez pouvoir être utile. Demandez comment vous pouvez devenir membre de cette association.

Discussion
« *Agir, c'est aussi comprendre car l'ignorance est le contraire de l'engagement.* » (Nicolas Hulot, journaliste et voyageur passionné). Etes-vous d'accord avec l'opinion de Nicolas Hulot ? Discutez-la en classe en vous servant des conseils/du vocabulaire donnés aux pages 77–78.

Internet
Visitez le site www.enviedagir.fr, choisissez l'un des exemples de l'engagement des jeunes et présentez-le en classe. (→ *Présentation orale des résultats de votre travail, p. 40*)

→ Rédiger une lettre officielle, p. 75

→ Participer à une discussion, p. 77

→ S'informer sur Internet, p. 78

4 Ils l'ont rêvé, ils l'ont fait

Approche
Pour s'engager il n'est pas nécessaire de faire de grandes choses médiatiques, il suffit souvent d'agir à son propre niveau. Donnez quelques exemples d'actions d'engagement médiatiques et d'autres actions individuelles plus modestes.

(1) Rika et son frère Grégoire sortent ensemble chaque samedi soir. Pas vraiment pour une soirée en boîte ou une bonne bouffe entre copains. Et la destination n'a pas changé depuis un an. Ils ont rendez-vous avec le camion des Restos du cœur, près de l'entrée de l'hôpital de la Pitié Salpêtrière à Paris. Pas mal, à 19 et 21 ans, de choisir la rue comme sortie du week-end. Chaque samedi, dès 20 heures et jusqu'à 22 heures, des « bénéficiaires » rejoignent donc la petite place pour recevoir un repas chaud. « *La première fois, se souvient Grégoire, on pensait qu'on rencontrerait une dizaine de bénéficiaires. En fait, cela peut aller jusqu'à 300 repas distribués pour une quinzaine de bénévoles. On ne tutoie jamais un bénéficiaire. C'est toujours « Bonjour Monsieur », « Bonjour Madame », et je crois qu'ils apprécient ce respect. En fait, beaucoup sont des habitués et ils retrouvent un peu leur famille. C'est leur soirée du samedi.* »

Avec le temps, les regards fugitifs et les silences des bénéficiaires font quelquefois place à des « Salut, mon frère » et des discussions sur la vie et ses sales coups… Rika se rappelle cette bande de Polonais, toujours à part, avec qui elle avait réussi à discuter grâce à son bilinguisme (sa maman est polonaise). « *Ils avaient l'air de brutes au début. Quelques semaines plus tard, ils m'ont apporté des fleurs, "même pas volées" !* » Grégoire se surprend même à être impatient d'arriver au samedi pour retrouver les Restos. Le cœur léger et heureux d'y aller. Comme à une soirée d'un samedi ordinaire.

---

2 **une boîte** *ici* : une discothèque
2 **une bouffe** *fam* un repas
2 **une destination** un but
5 **dès** ab
6 **un,e bénéficiaire** Empfänger(in), Begünstigte(r)
6 **rejoindre (un endroit)** y aller
9 **un,e bénévole** Ehrenamtliche(r)
10 **apprécier qc** etw. zu schätzen wissen
11 **un habitué** Stammgast
12 **fugitif, -ive** flüchtig
13 **un coup** *ici* : Schlag
14 **à part** *ici* : isolé
15 **le bilinguisme** Zweisprachigkeit
15 **une brute** *fam* Vollidiot, Kotzbrocken

(2) Jeudi, 18 heures, comme chaque semaine après les cours, Coralie, 16 ans, quitte ses
20 copines pour aller retrouver Soueb, une jeune Marocaine de 15 ans. Toutes les semaines depuis un an, Coralie se rend chez Soueb pour l'aider à faire ses devoirs. « *Elle a des difficultés en français, et ça se répercute sur toutes les autres matières*, dit-elle. *Alors je l'aide à refaire des exercices. Et surtout, je lui prête des bouquins car c'est la meilleure façon pour qu'elle parle le français.* » Coralie a débarqué à Paris, l'an dernier, au lycée
25 Louis-Legrand. C'était un peu le grand saut. C'est aussi le moment qu'elle a choisi pour faire du bénévolat. « *Un jour, j'ai contacté le centre du volontariat et ils m'ont proposé de faire de l'aide aux devoirs. J'ai dit OK.* »

Pour Coralie, la démarche était naturelle. « *Mes parents m'ont élevée comme ça. A la maison, on accueille régulièrement des enfants malades qui viennent se faire soigner*
30 *en France. Avoir un engagement, ce n'est pas si difficile ! Et puis, c'est ma façon à moi de contribuer à changer le monde. J'ai bien pensé à m'engager en politique, mais ils sont tous pourris. Au moins, là, je suis sûre d'être utile…* »

Pourtant, Coralie avoue que sa relation avec Soueb ne correspond pas toujours à ce qu'elle attendait. « *C'est vrai, elle continue de me vouvoyer, nos échanges se limitent*
35 *à du soutien scolaire. Mais cette année, Soueb est en troisième, et ça serait trop facile de la laisser tomber.* » Alors, Coralie s'est fixé deux objectifs. Aider Soueb à avoir son BEPC et, surtout, qu'elles deviennent plus proches. « *Au lycée, je ne suis pas sûre que mes copains me comprennent. Leurs préoccupations sont différentes. Quand je leur ai dit que je donnais des cours, ils m'ont demandé combien je me faisais payer…* »

(1) Anne Ricou, © *Phosphore*, Bayard Jeunesse, 2002
(2) Béatrice Girard, © *Phosphore*, Bayard Jeunesse, 2001 (textes abrégés et légèrement adaptés)

22 **se répercuter sur** sich auswirken auf
23 **un bouquin** *fam* un livre
24 **débarquer** *ici : fam* aufkreuzen
26 **le bénévolat** → un bénévole
26 **le volontariat** le bénévolat
32 **pourri,e** *ici :* korrupt
33 **avouer** zugeben
35 **le soutien scolaire** Nachhilfe
36 **un objectif** un but
36 **BEPC** *etwa:* mittlere Reife
37 **devenir plus proche** sich näher kommen
38 **une préoccupation** Sorge

● **Autour des textes**

1. Comment Rika et Grégoire passent-ils leurs samedis soirs ?
2. D'après le texte, comment et pourquoi les relations entre bénévoles et bénéficiaires ont-elles changé avec le temps ?
3. Comment comprenez-vous la *phrase* « *ils m'ont apporté des fleurs "même pas volées"* » (L. 16) ?
4. a) Décrivez la relation entre Coralie et Soueb.
   b) Pourquoi l'engagement est-il quelque chose de « *naturel* » pour Coralie (L. 28) ?
   c) Pourquoi Coralie voit-elle ses copains du lycée de façon plutôt négative ?

● **Au-delà des textes**

Ecriture

a) Mettez-vous à la place de Rika ou de Grégoire, qui veulent convaincre des copains de la valeur de leur « travail ». Quels pourraient être leurs arguments ?
b) Avez-vous déjà pratiqué le soutien scolaire ? Si oui, en quoi l'expérience faite avec votre « élève » est-elle semblable ou bien différente de celle de Coralie ? Si non, que pensez-vous de ce genre d' « engagement » ?

Créativité

Réalisez une affiche pour les Restos du cœur ou pour « un centre du volontariat ». L'affiche doit comporter un slogan, un texte et une illustration (dessin ou photo).

5 Etres humains

Etres humains
Montrez que vous existez
Défendez-vous
Donnez votre avis
Sur la vie
Montrez votre colère
Contre les guerres
Soyez amers
N'abandonnez jamais !
Défendez ceux qui en ont besoin
Mettez toute votre volonté

De votre côté.
Soutenez ce que vous aimez
Les causes que vous défendez
Quelles qu'elles soient
N'abandonnez pas !
Manifestez sans agressivité
Mais avec volonté
Tendez votre main
Vers les gens de demain.

Céline dans : *L'écrit adolescent*, textes présentés par Elisabeth Brami, © Editions Thierry Magnier, 2000

se défendre ≠ attaquer
la colère Zorn, Wut
amer, -ère bitter ; *ici* : verbittert
la volonté → vouloir
soutenir *ici :* défendre

● **Autour du texte**

1. En une phrase, dites ce que signifie « exister » pour Céline. Résumez son message avec vos propres mots.
2. a) A qui est-ce que Céline s'adresse ?
   b) Expliquez ce que Céline veut dire par les deux derniers vers du poème.

● **Au-delà du texte**

1. Croyez-vous que l'engagement des jeunes puisse mener vers un avenir meilleur ? Pourquoi (pas) ?
2. En groupe ou avec votre voisin, formulez six conseils pour rendre l'avenir meilleur.

Stratégies

Retrouver le sens des mots

Quand vous lisez un nouveau texte en français, vous y trouvez souvent des mots que vous ne connaissez pas encore. Il n'est pas toujours nécessaire de consulter le dictionnaire, car il existe quelques méthodes simples qui vous permettent souvent de retrouver le sens de ces mots.

Comment s'y prendre ?

1. Le mot inconnu ressemble à un **mot d'une autre langue** que vous connaissez déjà, comme p. ex. l' allemand, l'anglais ou le latin. Le mot français a le plus souvent le même sens que ce mot étranger (p.ex. une génération / eine Generation / a generation / generatio).
   Mais attention aux *faux amis* ! Ce sont des mots de langues différentes qui se ressemblent mais qui n'ont pas le même sens – p.ex. ordinaire (normal, gewöhnlich) ≠ ordinär (vulgaire) / une démonstration (Vorführung, Beweisführung) ≠ eine Demonstration (une manifestation).
2. Vous connaissez déjà un **mot français de la même famille.** Les préfixes *(Vorsilben)* et les suffixes *(Nachsilben)* peuvent alors vous aider à préciser le sens du mot concerné (p. ex. poli / impoli). *(Voir les principaux préfixes et suffixes en bas de la page et page suivante.)*
3. Le **contexte** du mot inconnu peut vous donner une idée de son sens. A partir des éléments qui les composent, vous pouvez également retrouver le sens des *mots composés* (p.ex. la génération fun, la planète jeunes).
4. Ne consultez votre **dictionnaire unilingue** *(voir p. 68)* que si *aucune* des autres méthodes proposées ne vous aide à retrouver le sens d'un mot inconnu.

Les principaux **préfixes**

Préfixes exprimant *l'intensité, la grandeur* :

sur-	surpeuplé
super-	une superproduction
hyper-	un hypermarché
ultra-	ultramoderne

Préfixes exprimant *le contraire, le manque* :

in-	(im-/il-/ir-)	inconnu, illisible, irrégulier
dé-	(dés-/dis-)	défavorable, disparaître
mé-		mécontent
mal-		malheureux
a-		anormal

Préfixes pouvant avoir des sens différents :

re-	(ré-/r-)	*(encore une fois)* refaire qc
		(retour) revenir
in-	(im-/il-/ir)	*(contraire)* illisible
		(vers l'intérieur) importer qc
a-	(al/an-/ap-)	*(contraire)* atypique
		(rendre plus …) agrandir

Autres préfixes courants :

pré-	*(avant)*	prénatal
co-	*(avec)*	la coopération
anti-	*(contre)*	une antithèse
ex-	*(vers l'extérieur)*	exporter

Les principaux **suffixes**

Suffixes qui indiquent qu'il s'agit le plus souvent de *personnes* (ou d'*adjectifs* !) :

-eur, -euse	un travailleur
-teur, -trice	une actrice
-ier, -ière	un épicier
-ien, -ienne	une musicienne
-ant, -ante	les passants
-iste	un(e) capitaliste

Suffixes qui indiquent qu'il s'agit de qualités ou de notions *abstraites* :

-(a)tion	une institution
-(i)té	le comité
-esse	la richesse
-ance	la tolérance

Suffixes qui indiquent qu'il s'agit de choses ou d'actions *concrètes* :

-ade	une promenade
-age	le nettoyage
-ment	un bâtiment, le gouvernement

Suffixes utilisés pour former des *adjectifs* :

-able / -ible	portable, lisible
-al, -ale	normal,e
-el, -elle	matériel,le
-ique	typique
-eux, -euse	chaleureux, -euse
-ant, -ante	fatigant,e
-iste	idéaliste

Apprendre et réviser le vocabulaire

Certaines techniques peuvent vous aider à apprendre plus « systématiquement » le vocabulaire et à le retenir (*behalten*) plus longtemps.

Comment s'y prendre ?

1. Pour noter le vocabulaire, utilisez un classeur (*Ordner*), un cahier à feuilles mobiles (*Ringbuch*) ou un fichier (*Vokabelkartei*).
2. Notez avec chaque nouveau mot les **informations** les plus utiles : les noms avec leur *article*, les adjectifs avec leur forme *féminine*, les verbes avec les *prépositions* qui les suivent le plus souvent.
3. **Regroupez** les mots de différentes manières pour pouvoir les apprendre de façon plus systématique. *(Voir ci-dessous, les exemples de groupements.)*
4. Utilisez les **instruments** que vous trouverez dans le commerce ou sur Internet, p. ex. les vocabulaires thématiques, les CD-ROM d'entraînement au vocabulaire, les programmes d'apprentissage et les tests.
5. Quelques derniers conseils :
   - Récitez votre vocabulaire *à voix haute*.
   - Révisez *régulièrement* – mais pas trop à la fois (10 minutes par jour sont plus efficaces qu'une heure par semaine !)
   - Notez les mots importants mais difficiles à retenir sur des bouts de papier et placez-les là où vous les *voyez* souvent (le miroir, p. ex.).

Exemples de « groupements » :
- les **champs thématiques** (*Sachfelder*). Divisez la page en trois colonnes : une pour les noms, une pour les verbes, une pour les autres catégories de mots et les locutions qui se rapportent au thème choisi.

- les **filets de mots** (ou associogrammes). Notez le thème central au milieu d'une page et regroupez autour de ce mot tous les sujets secondaires qui sont en rapport avec ce thème. Autour de chaque sujet secondaire rassemblez les mots et les notions qui se rapportent à ce sujet.
- les **familles de mots,** p. ex. : espérer, l'espoir, le désespoir, désespéré,e, une espérance.
- les listes de **synonymes** et d'**antonymes** (*Wörter mit gleicher / konträrer Bedeutung*).
- les listes d' « **expressions toutes faites** » / **collocations** (*feststehende Ausdrücke*), p. ex. : être bien / mal dans sa peau, se mettre dans la peau de qn, risquer / sauver sa peau, faire peau neuve, etc.
- les **syntagmes** (*Wortgruppen*) p. ex. : réussir dans la vie / …tout ce qu'on entreprend / …à un examen / …dans le show-business / …à trouver un job. (Formulez de préférence des phrases-exemples courtes.)

Ecouter et comprendre

Comment s'y prendre ?

1 *Avant l'audition :* Si vous savez de quel genre de document il s'agit, il est utile de vous poser quelques questions sur le texte que vous allez écouter : le sujet, le type de texte (interview, discours, reportage, etc.) et, si possible, son contexte.
2 En fonction du type de texte ou de son sujet :
 a) *Ecoute globale* : Pendant la première audition, essayez de saisir le sens global du texte, n'essayez pas de comprendre chaque mot. (Si vous ne comprenez pas tous les mots tout de suite, vous les comprendrez peut-être pendant la seconde audition.) Ou :
 b) *Ecoute sélective* (par exemple pour des infos sur la météo ou la circulation) : « Filtrez » ce que vous entendez pour ne retenir que ce qui vous intéresse ou ce dont vous avez besoin.
3 *Ecoute détaillée* : Pendant la seconde audition (ou même pendant la première), prenez des notes sur les points qui vous semblent importants (les dates, personnes, marques ou événements mentionnés, les mots-clés répétés par ceux qui parlent, etc.)
4 *Après l'audition :* Passez vos notes en revue. Vous pouvez aussi les regrouper à l'aide d'un *filet de mots*, par exemple (*voir en haut de cette page*).

Bien utiliser les dictionnaires

Quand vous trouvez dans un texte français un mot que vous ne connaissez pas encore, vous pouvez souvent deviner son sens *(voir page 65)*. Mais ce n'est pas toujours possible. C'est alors le dictionnaire unilingue *(einsprachig)* qui vous donne les informations nécessaires pour comprendre le sens de ce mot. Ce dictionnaire peut aussi vous aider à rédiger vos textes en français.

Le dictionnaire bilingue *(zweisprachig)* vous aide à vérifier si vous avez bien compris les mots d'un texte ; il sert aussi à les traduire.

Comment utiliser un dictionnaire unilingue

Pour rechercher le sens d'un mot :

1. Cherchez ce mot parmi les **entrées** *(Einträge)*. S'il n'y a pas d'entrée pour ce mot, cherchez l'entrée d'un verbe, d'un nom ou d'un adjectif de la même famille (p. ex. : S'il n'y a pas d'entrée pour « discutable », vous trouverez certainement ce mot sous l'entrée « discuter »).
2. Lisez la **définition** de ce mot.
3. S'il y a plusieurs définitions, lisez aussi les **exemples** proposés pour chaque définition. Choisissez l'exemple qui se rapproche le plus de votre contexte : La définition correspondant à cet exemple est souvent celle qui convient.
4. Aidez-vous des **synonymes** et des **antonymes** que vous pouvez trouver à l'entrée de ce mot.
5. Si vous ne comprenez pas bien l'un des mots de la définition ou des exemples, cherchez ce mot parmi les entrées de votre dictionnaire unilingue (ou bilingue).

Pour en savoir plus au sujet d'un mot :

1. Cherchez ce mot parmi les entrées (ou sous l'entrée d'un mot de la même famille).
2. Relevez les informations dont vous avez besoin (genre, conjugaison, emploi, etc. *Voir ci-dessous*).

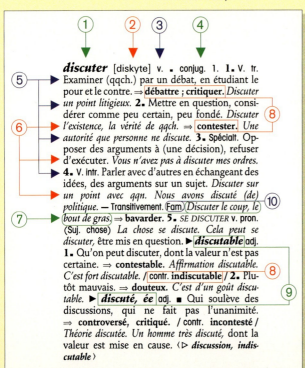

Voici un extrait du *Micro Robert Poche*, de PONS. Pour chaque entrée, ce dictionnaire indique :

1. l'*orthographe* du mot concerné ;
2. sa *prononciation* ;
3. sa *classe* ou sa *catégorie grammaticale* ;
4. pour les noms : leur *genre* ; pour les verbes : le numéro de leur tableau de *conjugaison* (à la fin du dictionnaire) ;
5. une ou plusieurs *définition(s)*.

Le dictionnaire indique aussi souvent :

6. des *exemples* d'utilisation ;
7. des *locutions* (*Redewendungen*) ou autres expressions construites avec ce mot ;
8. des *synonymes* et/ou des *antonymes* ;
9. d'autres mots de la même *famille* ;
10. la *catégorie stylistique* de ces mots et expressions.

(Pour la signification des abréviations, voir l'introduction de votre dictionnaire.)

Comment utiliser un dictionnaire *bilingue*

Pour trouver un mot français (en partant de l'allemand) :
1. Cherchez dans la partie **allemand-français** le mot allemand auquel vous pensez.
2. Si le dictionnaire indique plusieurs mots français, lisez les expressions données en exemple ; choisissez alors celle qui correspond le mieux à votre contexte – ou :
3. Regardez dans la partie **français-allemand** comment ces mots français sont traduits en allemand.

Pour vérifier si vous avez bien compris un mot ou une expression (ou pour les traduire en allemand) :
1. Cherchez dans la partie **français-allemand** le mot qui vous pose un problème (ou le mot-clé de l'expression ou de la définition concernée).
2. Si plusieurs mots ou expressions sont proposés en allemand, choisissez celui ou celle qui convient le mieux à votre contexte.

Lire et comprendre un texte

Lire, c'est…
- … déchiffrer **un texte**, c'est-à-dire ses mots et ses phrases ;
- … comprendre ce que **son auteur** exprime, identifier son « message » ;
- … retirer du texte tout ce qu'il peut **vous** apporter personnellement : des informations ou des idées nouvelles et, peut-être – si le texte est bien écrit –, le plaisir de lire.

1 Avant de lire

Rassemblez les éléments qui vous permettent de faire quelques **hypothèses** au sujet du contenu ou du type de texte concerné :
- le titre, d'abord, et, s'il y en a, les sous-titres ;
- les photos ou les dessins qui accompagnent le texte ;
- la mise en page (*Seitenaufbau*).

A partir des hypothèses que vous avez pu faire, formulez quelques **questions** qui pourraient vous servir d'orientation pendant la lecture.

En fonction de ces questions, choisissez **la stratégie de lecture** qui convient le mieux *(voir ci-dessous)*.

2 Pendant la lecture

Il n'est pas toujours nécessaire de lire le texte mot à mot et de comprendre tous les détails. Les intentions et les objectifs de lecture (voir 1) influencent la manière de lire. Il y a en effet plusieurs manières de lire.

A <u>La lecture globale</u> (survol du texte)

Survolez le texte pour vous faire une idée de son **sujet** et de sa **structure** et pour évaluer l'intérêt qu'il a globalement. Voir notamment l'introduction et la conclusion du texte.

B <u>La lecture sélective</u>

a) Lecture « de repérage » (*scanning*)

Vous survolez le texte en diagonale à la recherche d'**informations précises** (p. ex. des noms propres, des chiffres, des dates, etc.)

b) Lecture « d'écrémage » (*skimming*)

Vous survolez le texte paragraphe par paragraphe en y relevant les idées principales et les mots-clés afin de saisir l'**essentiel** du texte.

(Souvent, la première phrase d'un paragraphe donne une idée de ce qu'on va y lire.)

C La lecture détaillée

Après une lecture globale ou sélective, relisez le texte en détail pour identifier les **idées** et leur **enchaînement** (*Verknüpfung*) et pour retrouver les passages qui vous permettront de répondre aux questions que vous vous posez – ou qui vous sont posées – au sujet du texte.

3 Après la lecture
- Notez les **idées principales** du texte. Vous pouvez aussi visualiser à l'aide d'un schéma la structure ou le contenu du texte.
- Vérifiez les hypothèses que vous aviez faites au début : Avez-vous obtenu les informations nécessaires ? Avez-vous encore des questions ?

Repérer les informations d'un texte

La plupart des textes ont plusieurs fonctions (décrire, raconter, convaincre, etc.) et les informations qu'ils contiennent peuvent être de nature très différente. Pour repérer les éléments les plus intéressants, posez-vous quelques questions précises.

Comment s'y prendre ?

1 Survolez d'abord le texte pour en identifier le **sujet principal** (le titre peut vous aider). S'agit-il…
   a) d'un événement ou d'une série d'événements ou d'actions ?
   b) d'un personnage, d'un objet, d'un paysage ?
   c) d'une opinion, d'une idée, d'une suite d'arguments ?
2 En fonction du type de sujet, relevez les **informations** intéressantes :
   a) <u>Evénements, actions</u> : Demandez-vous *où*, *quand* et *comment* ces événements se déroulent. Retrouvez leurs *causes* et leurs *effets*.
   b) <u>Personnage, objet</u> : Relevez les éléments qui le caractérisent ou le décrivent. Dites ce que le
   personnage fait ou pense et pourquoi il agit comme il le fait.
   c) <u>Opinion, arguments</u> : Relevez la thèse centrale et les arguments pour et contre. Déterminez la position de l'auteur, retrouvez ses intentions.

Résumer un texte

Résumer un texte – ou une situation –, c'est reformuler son contenu avec ses propres mots et en se concentrant sur l'essentiel : c'est ce que vous faites à chaque fois que vous racontez à quelqu'un ce que vous avez lu, vu ou vécu.

Pour pouvoir résumer un *texte français* de façon claire et compréhensible, il faut bien sûr d'abord l'avoir *compris*, c'est-à-dire en avoir saisi le sens et la structure (*voir la page 69*).

Préparer le résumé

1. Lisez le texte une première fois et essayez d'en comprendre le **sens général** (parfois, le titre peut vous aider).
   Posez-vous quelques questions : *Qui fait quoi, quand, où, comment et pourquoi ?* (pour les textes narratifs) ou : *Quelle est la thèse principale du texte et quels sont les arguments proposés ?* (pour les textes argumentatifs).
2. Lisez le texte une deuxième fois et repérez les **mots-clés** (soulignez-les ou notez-les sur une feuille séparée).

Rédiger le résumé

1. Utilisez vos **propres mots** (évitez les citations), gardez un style clair et simple.
2. Restez **neutre**, évitez les commentaires et les jugements personnels.
3. Employez la **3e personne** et le **présent** (même si l'original est au passé). Evitez le style indirect (sauf pour le résumé *structuré*, voir ci-dessous, 5).
4. Dans votre **introduction**, formulez en une ou deux phrases l'**idée générale** du texte. Dans l'introduction, on *peut* aussi mentionner le nom de l'auteur et le titre du journal ou du livre dont le texte est tiré ainsi que la date de parution.
5. Suivez ensuite l'**ordre** des idées du texte. Utilisez des « **mots-charnières** » pour mettre en valeur les rapports logiques qui existent entre ces idées. Vous pouvez aussi mentionner les parties du texte dans lesquelles ces idées apparaissent : cela s'appelle alors un *résumé structuré*.
6. Laissez de côté tout ce qui est secondaire (détails, exemples, images, citations) et limitez la longueur de votre résumé à environ **1/3** de l'original.

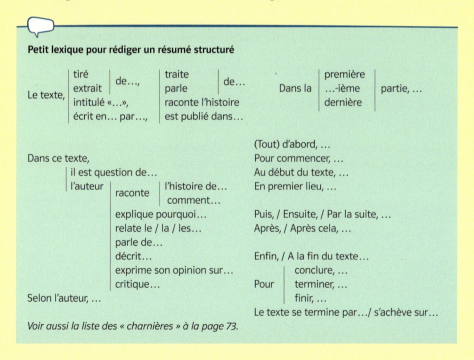

Bien rédiger ses textes

Qu'il s'agisse de rédiger une lettre, un résumé, un compte rendu ou un commentaire personnel, il existe un certain nombre de conseils à mettre en pratique si vous voulez que le lecteur comprenne bien votre texte et prenne un certain plaisir à le lire.

Comment s'y prendre ?

1. Notez d'abord sur une feuille tous les mots (idées, informations, arguments) que vous associez au sujet de votre texte, puis structurez ces éléments à l'aide d'un filet de mots (ou associogramme) ou d'un tableau.
2. Faites ensuite un **plan** de votre texte :
   - Dans *l'introduction*, présentez le sujet de votre texte ou le problème dont il est question.
   - Dans la *partie principale*, développez vos informations ou vos arguments selon un ordre logique (ou chronologique). Prévoyez un paragraphe par idée ou argument principal ou par groupe d'arguments.
   - Dans *la conclusion*, faites le bilan de vos idées ou formulez votre jugement.
3. Choisissez les mots et expressions qui servent à introduire ou conclure un texte puis ceux qui vous serviront de **charnières** pour passer d'une idée à une autre : Ces mots doivent mettre en évidence le développement logique de vos idées. *(Voir la liste de ces mots, p. 73)*
4. Rédigez votre texte de manière **claire et variée.**
   - Servez-vous du *vocabulaire thématique* qui convient.
   - Faites des phrases *simples*, mais correctement reliées entre elles *(voir les charnières).*
   - Evitez la répétition de mots « passe-partout » (p. ex. *faire, dire, mettre*, etc.).
   - Variez votre style. Utilisez p. ex. :
     - des *appositions* pour éviter d'avoir trop de phrases relatives avec *qui* ;
     - le *participe présent* / le *participe passé* pour remplacer les relatives ou certaines subordonnées ;
     - *l'infinitif* et le *gérondif* pour éviter certaines subordonnées.
     - *(Voir les exemples ci-dessous. Voir aussi votre grammaire pour plus d'informations, notamment sur le participe présent et le gérondif.)*

N'écrivez pas :	*Ecrivez plutôt :*
M. Dupont, qui est un voisin, désire…	M. Dupont, *un voisin*, désire… (apposition)
C'est un objet qu'on utilise pour…	C'est un objet *utilisé* pour… (participe passé)
On recherche quelqu'un qui parle l'espagnol.	On recherche quelqu'un *parlant* l'espagnol. (participe présent)
Si tu travaillais plus, tu pourrais…	*En travaillant* plus, tu pourrais… (gérondif)
Avant qu'il devienne directeur, il était…	Avant de *devenir* directeur, il était… (infinitif)

Les « charnières » les plus courantes

Suite d'éléments plus ou moins indépendants:
- pour commencer,
- (tout) d'abord,
- premièrement, deuxièmement *(etc.)*
- puis
- ensuite,
- après (cela),
- enfin,
- pour terminer,

Opposition :
- mais
- pourtant, / cependant,
- malgré (cela,)
- bien que (+ *subj*)
- tandis que (+ *ind*)
- alors que (+ *ind*)
- par contre,
- d'une part, d'autre part,
- d'un côté, de l'autre,
- au contraire
- en revanche,

Explication :
- car
- parce que
- puisque
- Comme
- pour cette raison,
- ainsi,
- par conséquent,
- c'est pourquoi
- en effet,
- pour que (+ *subj*)
- de manière que

Comparaison :
- de même,
- comparé à
- en comparaison avec
- à la différence de

Aspect nouveau :
- de plus,
- en outre,
- ajouté à cela,
- il faut ajouter
- à part cela,

Caractériser un personnage

Faire le portrait d'un personnage…
- … c'est d'abord parler de son *physique* (sa taille, son visage, sa coiffure, etc.) et de son *aspect extérieur* (les vêtements, les accessoires, l'impression d'ensemble) ;
- … c'est aussi qualifier son *caractère* et ses *comportements* (son tempérament, ses manières, ses jugements, sa « psychologie ») ;
- … cela peut aussi comporter des indications sur son *environnement social* (son milieu familial ou professionnel, p. ex.)

Ce personnage est	petit / grand / de taille moyenne maigre / mince / corpulent / gros / obèse.	
Il ou elle a	les cheveux	bruns / châtain / blonds / roux longs / mi-longs / frisés / en brosse.
	un visage rond / ovale / tout en longueur. le teint pâle / mat / basané. les yeux bleus / verts / bruns / noirs. le nez…, la bouche…, le menton…, les joues…etc.	
Il porte	la barbe / la moustache / des lunettes / une cravate / un long manteau / des bottes, etc.	
Elle porte	un sac / un chapeau / des gants / des bijoux / une robe décolletée / des souliers à hauts talons, etc.	
C'est	un bel homme / un homme séduisant / repoussant. une jolie femme / une femme ravissante / laide.	
Sa manière d'agir Sa conduite Son comportement Ses paroles	montre(nt) permet(tent) de penser indique(nt)	que…

Voir la suite à la page 74.

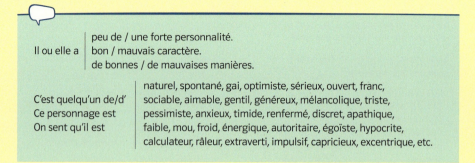

Il ou elle a	peu de / une forte personnalité. bon / mauvais caractère. de bonnes / de mauvaises manières.
C'est quelqu'un de/d' Ce personnage est On sent qu'il est	naturel, spontané, gai, optimiste, sérieux, ouvert, franc, sociable, aimable, gentil, généreux, mélancolique, triste, pessimiste, anxieux, timide, renfermé, discret, apathique, faible, mou, froid, énergique, autoritaire, égoïste, hypocrite, calculateur, râleur, extraverti, impulsif, capricieux, excentrique, etc.

Décrire une image

La description d'une image varie beaucoup selon le type de l'image et son contenu. Voici cependant quelques conseils qui permettent de décrire la plupart d'entre elles.

Comment s'y prendre ?

1. Commencez par mentionner le **type** d'image (photo, dessin, etc.) et le **sujet** général (une scène de rue, un paysage de montagne, un groupe de personnes, etc.)
2. Si on peut l'identifier, parlez du **cadre** de l'image : Dites *où* et *quand* la scène se passe.
3. Décrivez ou caractérisez les **personnages** principaux *(voir page 73)*.
4. Dites où sont ces personnages, expliquez en quoi consiste l'**action** représentée.
5. Dites ce que vous associez à cette image, donnez vos **impressions** personnelles.

Les mots pour en parler

La photo Le dessin Le tableau L'image	représente… montre… met en scène… illustre…

La scène se passe / se déroule à… / en…

Au premier plan Au second plan A l'arrière-plan Au centre / au milieu En haut à droite En bas à gauche Devant X / Derrière X A côté de X / Près de X	, on	se trouve… se dresse… il y a… voit… aperçoit… reconnaît… distingue… découvre…

Ce qui Ce que je trouve	saute aux yeux, attire (tout de suite) le regard, frappe, surprend, choque, me plaît / déplaît, est intéressant, étonnant, curieux, bizarre,	c'est (que)…

En regardant cette photo,
Face à la scène représentée,   on / j'imagine que…
Il se dégage de ce tableau une atmosphère de…
Tout ce qu'on voit sur cette illustration porte à croire que…

Raconter

Raconter, c'est produire un texte oral ou écrit qui parle d'événements du passé réels ou bien imaginaires.

Comment s'y prendre ?

1. Choisissez d'abord le **temps** que vous allez utiliser : le *passé composé* (dans ce cas, les descriptions, explications ou commentaires doivent être à l'imparfait) ou bien le *présent historique* (ou présent de narration), qui fait plus « vivant ».
2. Commencez par **situer** votre récit ou le début du récit dans le *temps* (époque, saison, jour ou heure) et dans l'*espace* (pays, ville ou autre lieu).
3. Suivez de préférence l'**ordre chronologique** et présentez les faits en les mettant en rapport avec ceux qui les précèdent (Commencez p. ex. vos phrases par *ensuite, peu après, le lendemain, huit jours plus tard*, etc.).
4. Vous pouvez aussi interrompre la chronologie par des **retours en arrière** (*Rückblende*), ou par des **anticipations** (*Vorausdeutung*), si cela permet de créer un certain suspense ou si cela facilite certaines explications. (Les deux peuvent rendre un récit plus vivant mais sont à utiliser avec prudence…)

Rédiger une lettre privée

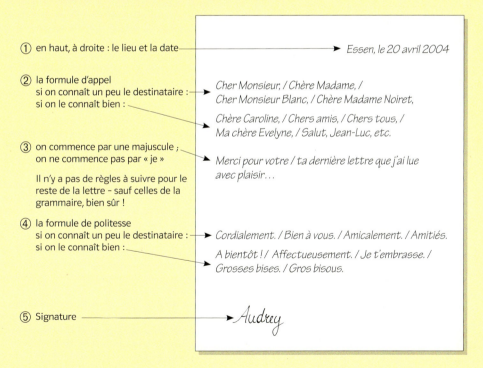

① en haut, à droite : le lieu et la date → *Essen, le 20 avril 2004*

② la formule d'appel
si on connaît un peu le destinataire : → *Cher Monsieur, / Chère Madame, / Cher Monsieur Blanc, / Chère Madame Noiret,*
si on le connaît bien : → *Chère Caroline, / Chers amis, / Chers tous, / Ma chère Evelyne, / Salut, Jean-Luc, etc.*

③ on commence par une majuscule ;
on ne commence pas par « je » → *Merci pour votre / ta dernière lettre que j'ai lue avec plaisir…*

Il n'y a pas de règles à suivre pour le reste de la lettre – sauf celles de la grammaire, bien sûr !

④ la formule de politesse
si on connaît un peu le destinataire : → *Cordialement. / Bien à vous. / Amicalement. / Amitiés.*
si on le connaît bien : → *A bientôt ! / Affectueusement. / Je t'embrasse. / Grosses bises. / Gros bisous.*

⑤ Signature → *Audrey*

Rédiger une lettre officielle

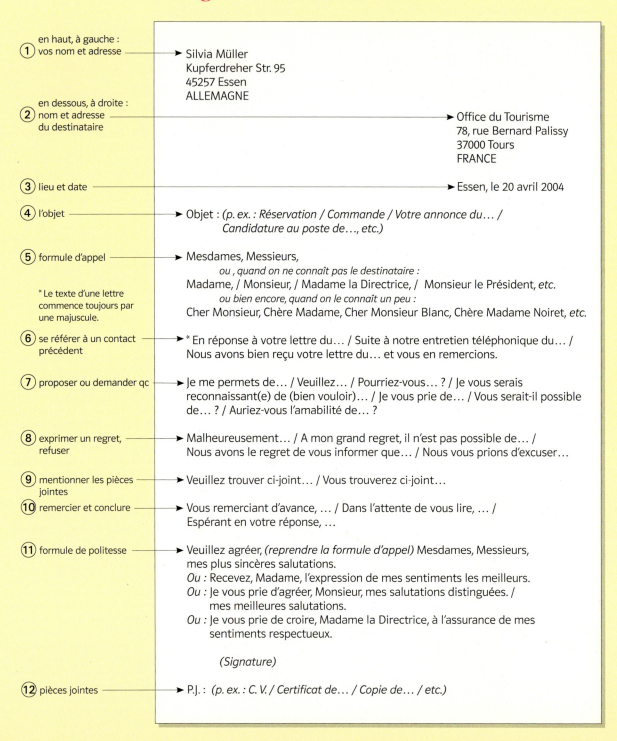

① en haut, à gauche : vos nom et adresse
Silvia Müller
Kupferdreher Str. 95
45257 Essen
ALLEMAGNE

② en dessous, à droite : nom et adresse du destinataire
Office du Tourisme
78, rue Bernard Palissy
37000 Tours
FRANCE

③ lieu et date
Essen, le 20 avril 2004

④ l'objet
Objet : *(p. ex. : Réservation / Commande / Votre annonce du… / Candidature au poste de…, etc.)*

⑤ formule d'appel
Mesdames, Messieurs,
   ou, quand on ne connaît pas le destinataire :
Madame, / Monsieur, / Madame la Directrice, / Monsieur le Président, *etc.*
   ou bien encore, quand on le connaît un peu :
Cher Monsieur, Chère Madame, Cher Monsieur Blanc, Chère Madame Noiret, *etc.*

* Le texte d'une lettre commence toujours par une majuscule.

⑥ se référer à un contact précédent
* En réponse à votre lettre du… / Suite à notre entretien téléphonique du… / Nous avons bien reçu votre lettre du… et vous en remercions.

⑦ proposer ou demander qc
Je me permets de… / Veuillez… / Pourriez-vous… ? / Je vous serais reconnaissant(e) de (bien vouloir)… / Je vous prie de… / Vous serait-il possible de… ? / Auriez-vous l'amabilité de… ?

⑧ exprimer un regret, refuser
Malheureusement… / A mon grand regret, il n'est pas possible de… / Nous avons le regret de vous informer que… / Nous vous prions d'excuser…

⑨ mentionner les pièces jointes
Veuillez trouver ci-joint… / Vous trouverez ci-joint…

⑩ remercier et conclure
Vous remerciant d'avance, … / Dans l'attente de vous lire, … / Espérant en votre réponse, …

⑪ formule de politesse
Veuillez agréer, *(reprendre la formule d'appel)* Mesdames, Messieurs, mes plus sincères salutations.
Ou : Recevez, Madame, l'expression de mes sentiments les meilleurs.
Ou : Je vous prie d'agréer, Monsieur, mes salutations distinguées. / mes meilleures salutations.
Ou : Je vous prie de croire, Madame la Directrice, à l'assurance de mes sentiments respectueux.

   (Signature)

⑫ pièces jointes
P.J. : *(p. ex. : C.V. / Certificat de… / Copie de… / etc.)*

Participer à une discussion

Discuter, ce n'est pas seulement justifier son point de vue sur un sujet, c'est aussi et surtout essayer de *convaincre* les autres pour qu'ils changent d'avis (ou alors se laisser convaincre par eux et changer soi-même d'avis si les autres ont de meilleurs arguments !)

Comment s'y prendre ?

- *Préparation individuelle :*
  Trouvez des arguments qui justifient votre propre position pour ou contre l'opinion ou la thèse proposée.
- *Préparation en petits groupes :*
  - Rassemblez / Regroupez vos arguments.
  - Précisez vos idées en développant les aspects que vous trouvez importants, cherchez des exemples.
  - Rassemblez ensuite les arguments que pourraient proposer ceux qui ont une opinion contraire et essayez de les réfuter *(widerlegen)*. Si ce n'est pas possible : *Adaptez* votre point de vue en fonction de ces arguments.
- *Discussion en classe* (animée par le professeur ou par un élève) :
  - *Avancez* vos arguments *un par un*, ne « lâchez » pas tout en même temps.
  - *Ecoutez* les arguments des autres et prenez position par rapport à ces arguments.
  - Soyez « *fair-play* » : acceptez de modifier votre position si les autres proposent des arguments convaincants (… et ne « tournez pas en rond » en répétant des arguments qui ont déjà été réfutés).

commencer
- Personnellement, je pense / crois / trouve que…
- A mon avis, … / En ce qui me concerne, …
- D'après moi, … / D'après ce que j'ai lu / compris, …
- Si j'ai bien compris… / Si mes informations sont exactes, …

être d'accord
- C'est (tout à fait) vrai / juste / exact.
  Je suis bien de ton / votre avis.
- Je suis d'accord avec (ce que dit) X.
- Je partage l'opinion / le point de vue de X au sujet de…
- Tu as / Vous avez / X a raison quand tu dis / vous déclarez / il affirme que…
- J'approuve X quand il dit que…

pas d'accord
- Je ne suis pas (du tout) d'accord avec toi / vous / X.
- Tu as / Vous avez / X a tort de prétendre que…
- Je désapprouve (totalement) qc / ce que dit X.
- Je m'oppose à / Je suis contre l'idée selon laquelle…
- Je trouve injuste / exagéré / insupportable que *(+ subj)* …
- Je n'accepte pas que *(+ subj)* …
- Ce que je critique, c'est que…

assurer la compréhension
- Si je te / vous comprends bien, …
- Tu veux / Vous voulez dire que… ?
- Tu crois / Vous croyez vraiment que *(+ subj)* … ?
- Je n'ai pas très bien compris. Est-ce que tu peux / vous pouvez répéter / préciser / expliquer / donner un exemple ?

préciser une idée, insister
- Ce que je voulais dire, c'est que…
- Je tiens à préciser que…
- Pour être tout à fait clair / précis, …
- En ce qui concerne…, je voudrais ajouter / signaler / faire remarquer que…
- Il faudrait également tenir compte de…
- Il faut que tu saches / vous sachiez que…
- Je suis persuadé / certain que…

comparer
- Il y a / Je vois un rapport évident / plusieurs points communs / certains parallèles entre… et…
- Par rapport à… , / Comparé à… , / Contrairement à…
- D'un côté, … , de l'autre, …
- D'une part, … , d'autre part, …

Voir la suite à la page 78.

faire des concessions / changer d'avis
- Il est vrai / juste / exact que…, mais…
- Tu as / Vous avez sans doute raison sur ce point, mais…
- Même si…, | il faut reconnaître | que…
  | il ne faut pas oublier |
  | on est bien obligé de constater |
- Bien que (+ subj) …, je…
- Je reconnais que…. Cependant, / Pourtant, …
- Je suis bien obligé d'admettre / de reconnaître que…
- J'avoue que | je n'y avais pas pensé.
  | je n'avais pas tenu compte de cet aspect.
  | je me suis trompé à ce sujet.
- En fait, c'est toi / vous qui as / avez raison.

conclure
- C'est pourquoi je suis d'avis que …
- Par conséquent, … / Pour cette raison, …
- C'est la raison pour laquelle…
- Pour conclure, …

S'informer sur Internet

Internet permet de trouver des réponses à presque toutes les questions, à condition de savoir exactement ce que vous cherchez et de faire la différence entre les sites et informations utiles… et les autres.

Comment s'y prendre ?

- Avant de commencer, précisez le sujet de votre recherche, en faisant p. ex. une petite liste des mots-clés qui se rapportent à ce sujet.
- Connectez-vous sur Internet. Choisissez un moteur de recherche français (p. ex. www.google.fr) et entrez un ou plusieurs mots-clés. Pour combiner les mots-clés, vous avez plusieurs possibilités :
  - Si vous tapez par exemple *drogue, lutte,* le moteur de recherche vous proposera des documents qui contiennent au moins *un* de ces deux mots.
  - Tapez *drogue + lutte* et vous obtiendrez des documents qui contiennent les *deux* mots.
  - Tapez *drogue – lutte* (avec un espace avant le –) pour trouver des sites qui parlent de la drogue, mais où il n'est pas question de lutte anti-drogue.
  - Tapez *« lutte contre la drogue »* (entre guillemets) pour avoir la liste des documents qui contiennent exactement cette séquence de mots.
- Si la liste des sites proposés est longue, consultez d'abord les premières pages de la liste (un « bon » moteur de recherche mentionne les sites les plus intéressants en début de liste). A partir des quelques indications données sur ces sites, choisissez ceux qui vous semblent intéressants et sauvegardez leurs adresses dans les « favoris » ou « préférences » (*bookmarks*) de votre navigateur.
- Ouvrez ensuite les sites que vous avez sauvegardés afin d'évaluer la quantité, mais aussi la qualité des informations qu'ils fournissent :
  - L'auteur du document ou le responsable du site vous semble-t-il digne de confiance ?
  - Le site se présente-t-il de manière « sérieuse » ? (Ou veut-il surtout attirer l'attention sur des annonces de publicité ou des contenus payants ?)
  - L'information est-elle présentée de manière objective ? (Ou s'agit-il surtout de polémique ?)
  - Le site vous apporte-t-il les informations dont vous avez besoin ? Ces informations sont-elles claires, logiques, convaincantes ? (Pour votre travail, commencez par consulter les sites qui vous semblent les plus informatifs.)
- N'imprimez pas tout, mais seulement ce que vous voulez utiliser pour votre travail.
- N'oubliez pas de citer les sources de vos informations en indiquant l'adresse des sites concernés. (Vous pouvez aussi ajouter la date de votre passage sur ces sites.)